高等院校"十三五"
经济管理实验实训教材

会计综合实验

Accounting Comprehensive Experiment

主　编　张静伟　王燕嘉
副主编　朝黎明　宋　彪　吴　楠

经济管理出版社
ECONOMY & MANAGEMENT PUBLISHING HOUSE

图书在版编目（CIP）数据

会计综合实验 / 张静伟，王燕嘉主编 . —北京：经济管理出版社，2017.7（2021.6重印）

ISBN 978-7-5096-5240-4

Ⅰ . ①会⋯　Ⅱ . ① 张⋯②王⋯　Ⅲ .①会计学 – 实验 – 高等学校 – 教材
Ⅳ . ① F230-33

中国版本图书馆 CIP 数据核字（2017）第 168392 号

组稿编辑：王光艳
责任编辑：许 兵　张 宏
责任印制：司东翔
责任校对：董杉珊

出版发行：经济管理出版社
　　　　　（北京市海淀区北蜂窝 8 号中雅大厦 A 座 11 层　100038）
网　　址：www.E-mp.com.cn
电　　话：（010）51915602
印　　刷：北京晨旭印刷厂
经　　销：新华书店
开　　本：787mm×1092mm/16
印　　张：24.25
字　　数：280 千字
版　　次：2018 年 3 月第 1 版　2021 年 6 月第 2 次印刷
书　　号：ISBN 978-7-5096-5240-4
定　　价：68.00 元

随着我国经济的不断发展，用人单位对人才的需求越来越多元化，既需要优秀的理论型、研究型人才，也需要大量的应用型人才。会计学科是集理论性与技术性于一体的应用型管理学科，具有很强的可操作性，而会计实验教学对于培养应用型人才，提高学生综合素质和实践能力，体现"学以致用""理论联系实际"的教育理念起到了重要作用。

本综合实验教材是编者多年会计理论教学、实验教学与实践经验的总结和提炼。通过对多家企业的走访调研，参照当前会计实务中普遍发生的经济业务，本书以一家真实的制糖企业经济业务为主要背景资料，设计了一套完整的经济业务。既可进行手工实验，又可进行电算化软件应用实验。

为方便广大教师和学生使用，本书分上、下两篇。上篇为会计核算实验，是以制糖工业企业（上市公司）12月份的业务为例，完成从建账、填制记账凭证、登记账簿到编制财务报表的完整会计循环，使学生从总体上把握企业财务会计的工作流程，熟练进行相关业务的账务处理。下篇为财务软件应用实验，通过用友方案一（财务实验）和用友方案二（供应链实验），使学生熟练运用财务软件处理经济业务。

本书的主要特色如下：

第一，先进性。本书在2017年全面营改增之后编写完成，原始资料全部按照营改增之后的相关法规设计；同时密切关注会计准则的最新变化，并应用于实验资料中。

第二，仿真性。教材中的发票、银行各种结算票据等外来原始凭证完全按目前实际工作中使用的外来发票设计，仿真度高，尽可能再现企业会计实践情景，缩小了校内会计实验与会计实际工作的差距。

第三，实用性。本书配套编写了《会计综合实验指导》，对原始凭证、记账凭证的填制方法，记账、结账要求以及会计报表编制要求等进行了详细指导，并对各项经济业务进行提示及操作指引。借助实验指导书，可达到事半功倍的实验效果。

本书由内蒙古财经大学会计学院教师编写。张静伟、王燕嘉为主编，朝黎明、吴楠、宋彪为副主编，赵瑾、白明艳参编。教材基础资料取材于包头华资实业股份有限公司，在此对华资实业的热情帮助表示诚挚的感谢。

由于编者水平和经验有限，书中不可避免有疏漏之处，敬请读者给予指正。

编　者

2017 年 10 月

|目 录|

上 篇 会计核算实验

下　篇　财务软件应用实验
——会计电算化综合实验

上 篇
会计核算实验

一、实验目的及内容

1. 实验目的

高校的人才培养目标从单纯的知识传授发展到现今的能力和综合素质培养，实现了我国高校教育思想的一次次飞跃，体现了"学以致用"的教育理念。培养学生的实践能力和创新能力，始终是高校人才培养的最终目标。在会计综合实验的教学中，我们也将这个目标贯穿始终，以培养满足社会需要的高素质会计人才。

（1）巩固和加深理解专业理论知识。会计专业的学生经过大学期间的系统学习，已经掌握了大量的会计专业相关理论，但是，这些理论基本停留在书本上，学生无法将书本上的理论与会计实践结合起来。会计学是一门实践性极强的学科，而且鉴于会计信息的保密性及操作的严谨性，学生基本无法找到单位实习。目前最好的方法，就是通过会计实验达到巩固会计基础理论、丰富相关专业知识、培训学生实践能力的目的。

（2）培养学生综合分析问题能力和运用会计理论解决实际问题的能力。会计综合实验课程是一门将会计理论与实务融为一体的实践课程，它要求学生掌握有关的财务会计理论与方法，并通过实验培养学生解决专业实际问题的能力。通过会计综合实验，学生能够更熟练地掌握会计的各项操作技能，并能综合运用这些技能熟练地处理各种经济业务。不仅提高了学生的业务操作能力、动手能力，更重要的是使学生对所学过的各部分理论内容融会贯通，锻炼学生综合运用知识，调动已有的知识储备去分析、判断经济业务，把握会计工作的规律和实质。

（3）培养学生的专业素养，解决理论与实践脱节问题。目前学生就业压力很大，用人单位在招聘员工时往往要求应聘者能够马上胜任财会工作。但是，出于会计信息的保密性考虑，与其他专业相比，会计专业学生的毕业实习异常困难，这一供需矛盾一直对高校财会专业毕业生造成困扰。学生通过该会计综合实验的操作，能够身临其境地体验财会工作，了解各种业务的工作流程、账务处理方法，锻炼、提高自身的实际操作能力和综合素质，为即将走上工作岗位打下良好的基础。

2. 实验内容

本书以模拟企业华糖实业股份有限公司 2016 年 12 月份的经济业务为核算对象，主要内容以制造业企业的供应过程、生产过程、销售过程为主线，一般工商企业的投资、筹资、利润形成及分配等业务为辅线，使学生熟练掌握企业日常经济业务的处理。为使学生了解大型企业的一些特殊业务，我们在企业调研的基础上设计了债务重组、非货币性资产交换、债转股、金融资产、票据融资、股份支付、递延所得税计算、纳税调整等业务。

要求学生从建账开始，分析、审核发生的经济业务，填制记账凭证，登记账簿，进行成本计算，纳税申报，编制会计报表，并进行相关的财务分析。

二、实验准备

1. 指导教师的知识准备

指导教师在组织学生进行会计综合实验之前，必须对全部业务进行试做，并撰写教案。教师应根据进行实验的学生的具体情况，详细制定有针对性的实验计划。由于会计综合实验涉及的知识面较广，包括财务会计、成本会计、财务分析、税法等内容，要求实验指导教师必须熟悉相关专业课程，并充分关注有关会计法规、会计准则以及税收法规等新变化。

2. 学生的准备

学生在实验前应认真阅读模拟企业概况，了解企业的生产工艺流程、组织机构、企业会计制度、财会部门的人员配置等情况，熟悉模拟企业采用的会计政策、成本核算方法，搞清楚期初数据的来龙去脉及相互联系。

3. 实验材料准备

为顺利完成会计综合实验，在实验开始之前，实验室应准备好会计实验专用的各种可重复使用的实验材料，见表1-1：

表 1-1　　　　　　　　　　　　实验耗材明细表

序号	材料名称	数量
1	会计科目章	每组1套
2	会计通用章（期初余额、现金收讫、现金付讫、转账收讫、转账付讫、本月合计、本年累计、过次页、承前页）	每组1套
3	印台	每组1套
4	直尺	每组1套
5	胶水	每组1瓶
6	装订线	若干
7	装订机	视实验人数准备

实验指导教师应根据学生人数、分组及分岗情况，准备所需一次性消耗的实验资料。实验资料见表1-2：

表 1-2　　　　　　　　　　　　实验资料明细表

序号	材料名称	单位	所需数量
1	记账凭证	本	4
2	订本账（总账、现金日记账、银行日记账）	本	3
3	三栏式明细账	张	110
4	数量金额式明细账	张	18
5	多栏式明细账	张	20
6	应交增值税专用账	张	4
7	固定资产专用明细账	张	5
8	账簿启用及经管人员一览表	张	4
9	科目汇总表	张	8
10	试算平衡表	张	1
11	记账凭证封面	张	5
12	账簿封面	张	4
13	财务报表封面	张	1

续表

序号	材料名称	单位	所需数量
14	蓝色活页账账皮	付	4
15	账绳	根	4
16	实验报告	份	1
17	资料袋	个	1

三、实验形式及步骤

1. 实验形式

实验形式可根据实验教学目标、学生具体情况、课时量多少等，选取以下几种实验形式之一进行本实验。

（1）分组、轮岗实验形式。在会计实务中，会计岗位的设置视企业的具体特点和管理要求而定，可以一人一岗、一人多岗、一岗多人。但必须遵循内控原则，即"账、钱、物"分管。

在本会计实验中，根据模拟企业经济业务特点、业务量的大小、内部控制等综合考虑，可以分为以下 5 个岗位：总账报表岗位、出纳岗位、资产核算岗位、成本费用核算岗位、收入税务利润核算岗位。

将学生分为若干个小组，每个小组按岗位分工协作，共同完成会计综合实验。学生以不同的会计人员身份进行实验，并定期轮岗，使每个学生都能体验各个岗位的职责特性。在学生完成本岗位实验后，还可以通过互相检查、监督的方式为对方查账。此种方式的优点是，可以使学生体验财务部门会计核算业务的传递过程以及各岗位间的牵制、制约，熟悉财务部门岗位职责与相互关系，培养学生的组织能力和沟通协调能力。缺点是，由于轮岗导致学生对经济业务的前后勾稽关系把握不好。

（2）单人完成全部实验。即每位学生独立完成一整套会计综合实验内容。单人实验的优点在于学生可以对企业的经济业务进行全面、系统的了解，对每一笔经济业务的处理情况都能做到心中有数。单人实验可以对会计循环的全过程进行系统训练，提高学生实际操作能力和速度，并培养学生独立思考问题的能力。缺点是，由于会计综合实验业务多、难度大，加上课时量相对较少，可能会出现学生忙于完成工作量而无暇思考，导致"知其然而不知其所以然"的结果。

（3）两人合作完成实验。即由 2 位学生组成互助小组，合作完成全部实验内容。

这种方式不设岗位，不做分工，整个实验过程全部由 2 人协作配合完成。其优点是解决了单人实验工作量过大的问题，能够培养学生的团结协作精神。缺点是学生无法了解会计工作的岗位分工、岗位职责以及会计处理的传递流程。

2. 实验操作步骤

实验开始，首先由指导教师集中讲解本次实验的要求、注意事项，讲解模拟企业概况、生产经营特点、会计核算制度，对建账的方法进行具体示范，并讲解本次实验的内容和步骤，使学生对本次实验有个整体的把握和了解。

学生的具体操作步骤如下：

（1）根据本书第三章"期初数据"所提供的 2016 年 11 月 30 日各账户余额，开设总分类账、日记账、明细分类账以及现金流量台账。

（2）根据本书第四章"2016 年 12 月份经济业务描述"及第五章"2016 年 12 月份经济业务原始凭证"，整理填制原始凭证和记账凭证。

（3）根据收款凭证、付款记账凭证，登记现金日记账、银行存款日记账以及现金流量台账。

（4）根据记账凭证、原始凭证、原始凭证汇总表登记有关的明细分类账。

（5）根据记账凭证，编制科目汇总表，并根据科目汇总表登记总账。科目汇总表的编制时间、次数可由指导教师根据实际情况设计。

（6）计算处理本月应缴纳的各种税金以及月末各种转账业务。

（7）结出每个账户的本期发生额和期末余额。

（8）根据总账各账户发生额及余额填制试算平衡表。将日记账、明细账的余额与总分类账进行核对。

（9）根据有关涉税资料填写纳税申报表。

（10）根据总账及有关明细账资料编制会计报表，撰写会计报表附注。报表包括资产负债表、利润表、现金流量表、股东权益变动表。

（11）根据所编制的本年度会计报表以及第三章提供的上年度会计报表进行财务报表分析。

（12）分别将记账凭证、账簿、会计报表整理折叠整齐，加具封面封底，装订成册。

（13）撰写实验报告。将实验内容、实验心得体会、实验效果、经验教训等整理成实验报告。

具体操作方法和要求见配套教材《会计综合实验指导》。

四、实验考核

对于会计综合实验课程而言，应侧重考查学生的独立思考能力、综合分析能力以及熟练的操作能力。为了真实地考核学生的实际实验效果，除了考核学生所做账、证、表的完整性、准确性之外，实验教师还应结合学生的平时表现，综合进行成绩鉴定。

由于会计实验完全开放进行，实验过程中难免出现抄袭现象。为了能够客观、公正、真实地反映学生的实验成绩，对于 90 分以上和 60 分以下的学生，应围绕本次实验相关内容进行答辩，若答辩成绩与实验成绩一致，维持原分数；否则，予以调整。如果有条件也可进行全员答辩。

以小组形式进行的实验，先给出小组成绩，再根据组内成员的个人表现给出每个人的成绩，个人成绩应围绕小组成绩上下浮动。

具体成绩评定标准见表 1-3：

表 1-3　　　　　　　　　　　　实验成绩评定标准

实验内容	分值	得分
实验过程表现（包括工作态度、出勤、是否独立完成等）	20	
经济业务核算数据完整、准确（其中成本计算 10 分）	20	
原始凭证填制、使用	10	
记账凭证填制、装订	10	
账簿记录（建账、书写、记账、结账、更正错账等）	10	
会计报表	10	
涉税报表填制与账务处理	10	
实验报告	10	
合　　计	100	

一、公司基本情况

企业名称：华糖实业股份有限公司（简称华糖实业）

股票代码：600090

公司地址：呼和浩特市学苑路88号

联系电话：0471-8862578

法定代表人：李浩东（总经理）

开户银行：工商银行学苑路支行

账号：6255581811000770123

工商登记号：1500001004170

纳税人登记号：150101680041112

注册资本：5 000万元

公司性质：股份制

经营范围：生产销售白砂糖、绵白糖、颗粒粕、食用酒精；代销方糖

二、企业组织机构及生产工艺流程

1. 组织机构

公司实行董事会领导下的总经理负责制，总经理下设四位副总经理，副总经理分管有关部门，对总经理负责。公司设置 8 个职能部门，3 个基本生产车间，2 个辅助生产车间。各部门主要分工：供应部负责采购、储运；销售部负责商品销售及售后服务；研发部负责新技术开发；制造部负责 5 个生产车间；质保部负责原材料检验、产品质量检验；人事部负责职工日常考核、任免、招聘、解聘；行政部主要负责后勤管理；财务部负责财务会计、成本会计、出纳等工作。

表 2-1　　　　　　　　　　　　各部门负责人一览表

职务	姓名	职务	姓名
总经理	李浩东	质保部经理	张　虹
人事部主任	白云鹏	制造部经理	丁　伟
行政部主任	赵　亮	制糖车间主任	白永刚
财务部主任	刘　丽	颗粒粕车间主任	石　磊
供应部经理	王　亮	酒精车间主任	李立群
销售部经理	丁　力	供热车间主任	黄　磊
研发部经理	刘宏生	供电车间主任	王　强

公司内部组织机构如图 2-1 所示。

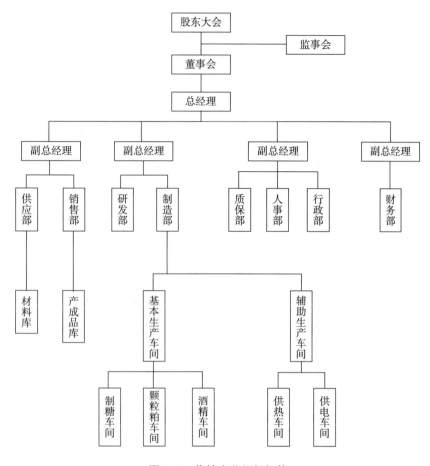

图 2-1 华糖实业组织机构

2. 企业生产工艺流程

（1）"基本生产车间——制糖车间"领用主要材料、辅助材料、周转材料等，经过流洗、切丝、过滤、蒸发、结晶等工序进行制糖生产；制糖车间生产的产成品白砂糖、绵白糖入产成品库，制糖过程产生的半成品废糖蜜入半成品库，产生的甜菜废丝直接转入颗粒粕车间进行后续加工。

（2）"基本生产车间——颗粒粕车间"使用甜菜废丝并领用所需周转材料继续生产加工，经过干粕压榨、干燥、造粒等工序生产出完工产品颗粒粕入产成品库。

（3）"基本生产车间——酒精车间"领用废糖蜜以及所需周转材料继续生产加工，经过发酵、蒸馏等工序生产出完工产品食用酒精入产成品库。

（4）"辅助生产车间——供热车间"为基本生产车间、供电车间及公司其他部门提供蒸汽。

（5）"辅助生产车间——供电车间"为基本生产车间、供热车间及公司其他部门供电。

生产流程如图 2-2 所示：

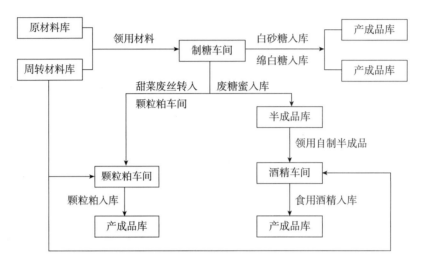

图 2-2　华糖实业生产工艺流程图

三、会计机构设置及会计人员岗位职责

华糖实业股份有限公司财务部设部长一名、副部长一名，设总账会计、出纳、成本核算会计、期间费用会计、原辅材料会计、固定资产核算会计、工资核算会计、往来结算会计、财务成果核算会计、税务会计、资金核算管理会计、内部稽核会计、会计电算化管理等岗位。

1. 财务部部长岗位职责

（1）全面负责公司财务工作，根据国家财务制度和财经法规，结合公司实际情况，制定适用的财务管理办法。按照企业会计准则及有关规定，结合本单位的具体情况，主持起草本单位具体会计政策及实施办法，科学地组织会计工作，并领导、督促会计人员贯彻执行。

（2）围绕公司的经营发展规划和工作计划，负责编制公司财务计划和费用预算，协助公司财务总监进行资金筹措和管理，有效地筹划和运用公司资金。

（3）做好公司各项资金的收取与支出管理。

（4）做好财务统计和会计账目、报表及年终结算工作；审阅会计报表并进行分析，写出综合分析报告。

（5）加强同税务、银行、保险、会计事务所等外部相关单位联系，确保相关业务的顺利开展。

（6）定期检查财务计划、费用预算执行情况，监督各部门的财务活动，分析存在的问题，查明原因，及时解决。

（7）定期分析公司的经济运作情况，提出合理化建议，为公司发展决策提供参考依据。

（8）负责财务人员的业务培训和考核监督工作。

（9）完成公司领导交办的其他工作。

2. 财务部副部长岗位职责

（1）协助财务部部长做好公司的财务会计工作。

（2）负责组织公司的会计核算工作，按照法律、法规和公司的统一要求报送财务会计报表，对财务会计基础工作的规范性，会计信息和会计资料的真实性、合法性负管理责任，对不符合会计制度和公司相关制度规定的会计事项有责任予以纠正。

（3）协助财务部长组织有关部门编制公司财务计划和费用预算，监督各部门预算的执行情况，认真审核各部门的费用支出，根据公司运营的实际情况，适时提出成本控制方案并监督实施。

（4）协助财务部长定期组织进行财务分析，提交财务分析报告，为公司的经营决策提供依据。

（5）依据公司对日常资金的需求量，做好资金筹集、供应和使用管理工作。

（6）做好相关的税务工作，进行合理的税务筹划，合法降低税务成本。

3. 总账会计岗位职责

（1）编制会计报表，按规定统一报送各类会计和统计报表，负责会计决算。

（2）复核会计凭证、原始凭证合法、准确、完整，审批手续完善，做到账务处理合理，经济事项、法律关系清晰。

（3）编制科目汇总表，登记总分类账。

（4）审核银行存款余额调节表，监管出纳业务，不定期进行库存盘点，审核银行对账单。

（5）对销售、成本、费用、贷款、税金等所有财务定期报表的勾对复核，包含同账务的勾对和同合同档案的勾对复核，各类资产盘点复查，应收应付往来款项确认函复查。

（6）负责保管总账和明细账，年底按会计档案的要求整理与装订总账及明细账。

4. 出纳岗位职责

（1）严格按照有关规定，对原始凭证进行复核，办理款项收付。

（2）办理银行结算，规范使用支票。

（3）根据收付款原始凭证及时登记现金、银行存款日记账，每日盘点库存现金，做到日清月结，账实相符。

（4）保管库存现金、有关印章、空白收据和空白支票，严格做到人离柜锁。

（5）审核收入凭证，及时办理销售款项的结算，督促有关部门催收销售货款。

（6）每月对原始凭证进行整理、汇总与装订。

（7）配合会计做好各种账务处理。

（8）每月为各家银行报送财务报表。

（9）完成领导交办的其他相关工作。

5. 成本核算会计、期间费用会计岗位职责

（1）计算生产与销售成本，分析比较销售成本，做好成本费用日常控制。

（2）进行内部成本核算及业绩考核。

（3）编制公司有关成本报表。

（4）进行成本、费用的分配及账目之间调整。

（5）负责财务成本专业报告的撰写。

（6）负责对会计凭证机审工作，保证及时、准确。

（7）其他与成本费用核算、分析、控制有关的事项。

6. 原辅材料会计岗位职责

（1）会同有关部门拟订材料物资管理与核算实施办法。

（2）审查采购计划，控制采购成本，防止盲目采购。

（3）编制材料领用转账凭证，负责材料明细核算，对已验收入库尚未付款的材料，月终要估价入账。

（4）配合有关部门制定材料消耗定额，编制材料计划成本目录。

（5）核对各项原材料、物品入库领用事项及收付金额，参与库存盘点，处理清查账务。

（6）分析储备情况，防止呆滞积压，对于超过正常储备和长期呆滞积压的材料，要分析原因，提出处理意见和建议，督促有关部门处理。

7. 固定资产核算会计岗位职责

（1）会同有关部门拟订固定资产管理与核算、实施办法。

（2）定期对固定资产进行清查盘点，参与核定固定资产需用量，参与编制固定资产更新改造和大修理计划。

（3）计算提取固定资产折旧、预提修理费用。

（4）参与固定资产的清查盘点与报废。

（5）分析固定资产的使用效果。

（6）编制相关报表。

8. 工资核算会计岗位职责

（1）审核有关工资的原始单据，办理代扣款项（包括计算个人所得税、住房公积金、社保费等）。

（2）按照人事部门提供工资分配表，填制记账凭证。

（3）协助出纳人员发放工资。工资发放完毕后，要及时将工资和津贴计算明细表附在记账凭证后或单独装订成册，并注明记账凭证编号，妥善保管。

9. 往来结算会计岗位职责

（1）执行往来结算清算办法，防止坏账损失。对购销业务以外的各种暂收、暂付、应收、应付、备用金等债权债务及往来款项，要严格清算手续，加强管理，及时清算。

（2）往来款项的结算业务。对购销业务以外的各种应收、暂付款项，要及时催收结算；应付、暂收款项，要抓紧清偿。对确实无法收回的应收账款和无法支付的应付账款，应查明原因，按照规定报经批准后处理。对预借的差旅费，要督促及时办理报销手续，收回余额，不得拖欠，不准挪用。

（3）负责往来结算的明细核算。对购销业务以外的各项往来款项，要按照单位和个人分户设置明细账，根据审核后的记账凭证逐笔登记，并经常核对余额。年终要抄列清单，并向领导或有关部门报告。

10. 财务成果核算会计岗位职责

（1）负责销售核算，核实销售往来，根据销货发票等有关凭证，正确计算销售收入以及劳务等其他各项收入，按照国家有关规定计算税金。经常核对库存商品的账面余额和实际库存数，核对销货往来明细账，做到账实相符、账账相符。

（2）计算和分析利润计划的完成情况，督促实现目标。

（3）建立投资台账，按期计算收益。

（4）结转收入、成本与费用，严格审查营业外支出，正确核算利润。对公司所得税有影响的项目，应注意调整应纳税所得额。

（5）按规定计算利润和利润分配，计算应交所得税。

（6）结账时的调整业务处理。

11. 税务会计岗位职责

（1）负责办理税务登记及变更等有关事项，按期申报纳税，办理免税申请和退税等。

（2）负责购领发票及销售发票的开具和管理。

（3）负责各项财损及税收优惠政策的上报。

（4）填制国、地税税收报表，做到及时准确。

（5）编制与税金相关的会计分录。

（6）及时收集、掌握各类税收政策信息，合理进行纳税筹划。

12. 资金核算管理会计岗位职责

（1）负责筹融资工作，编制资金收支计划。

（2）预算管理及编报资金报表。

（3）长、短期借款的核算，借款利息预提、核对及支付。

（4）记录、保管各种有价证券。

（5）其他货币资金、财务费用核算、委托贷款业务及利息的核算。

（6）对长期应收款形成的汇兑损益进行核算，月末与各家银行对账，并做出完整的银行调节表，及时查询未达账项。

（7）每月对银行账户进行盘点，对借款合同进行整理登记并及时归档，做到妥善保管。

（8）负责使用和保管财务预留小印鉴。

（9）对开具的支票进行复核并加盖财务专用章。

13. 内部稽核会计岗位职责

（1）审查财务收支。

（2）复核各种记账凭证。

（3）对账簿记录进行抽查，看其是否符合要求。并将计算机中的数据与会计凭证进行核对。

（4）复核各种会计报表是否符合会计准则的编报要求。

14. 会计电算化管理岗位职责

（1）负责协调计算机及会计软件系统的运行工作。

（2）掌握计算机的性能和财务软件的特点，负责财务软件的升级与开发。

（3）对计算机的文件进行日常整理，对财务数据进行备份，妥善保管。

（4）监督计算机及会计软件系统的运行，防止利用计算机进行舞弊。

（5）对计算机进行运行维护管理，保证计算机的正常使用。

四、会计政策、会计估计和其他相关规定

本公司以财政部颁布的《企业会计准则——基本准则》和各项具体会计准则、企业会计准则应用指南、企业会计准则解释公告及其他相关规定为核算原则，适用 2007 年企业会计制度，会计年度为公历年度 1 月 1 日起至 12 月 31 日止。

1. 货币资金

（1）以人民币为记账本位币；

（2）库存现金限额为 10 000 元；

（3）在中国工商银行学苑路支行开立基本账户。

2. 金融资产

本公司将涉及应收款项、以公允价值计量且其变动计入当期损益的金融资产、可供出售金融资产、持有至到期投资和长期股权投资等金融资产。

（1）交易性金融资产。对以公允价值计量且其变动计入当期损益的金融资产，在取得时以公允价值作为初始确认金额，相关的交易费用计入当期损益。持有期间将取得的利息或现金股利确认为投资收益，期末将公允价值变动计入当期损益。处置时，其公允价值与初始入账金额之间的差额确认为投资收益，同时调整公允价值变动损益。

（2）可供出售金融资产。对可供出售金融资产，在取得时按公允价值和相关交易费用之和作为初始确认金额。持有期间将取得的利息或现金股利确认为投资收益。可

供出售金融资产的公允价值变动形成的利得或损失，除减值损失和外币货币性金融资产形成的汇兑差额外，直接计入其他综合收益。处置可供出售金融资产时，将取得的价款与该金融资产账面价值之间的差额，计入投资损益；同时，将原直接计入其他综合收益的公允价值变动累计额对应处置部分的金额转出，计入投资损益。

（3）持有至到期投资。本公司对持有至到期投资，在取得时按公允价值和相关交易费用之和作为初始确认金额。持有期间按照摊余成本和实际利率计算确认利息收入，计入投资收益。实际利率在取得时确定，在该预期存续期间或适用的更短期间内保持不变。处置时，将所取得价款与该投资账面价值之间的差额计入投资收益。

（4）长期股权投资。长期股权投资以被投资方的名称设置明细科目核算。

初始计量。以企业合并以外其他方式取得的长期股权投资，其入账价值的确定，应按付出的资产、发生或承担的负债、发行的权益性证券的公允价值以及企业投资过程中发生的各项直接相关费用之和，作为其初始投资成本。

后续计量。企业对被投资单位不构成合并的，其后续计量采用权益法。

在权益法下，企业进行投资时，当长期股权投资的初始投资成本小于应享有被投资单位可辨认净资产公允价值份额的，应按差额调增长期股权投资的成本，同时计入营业外收入。在期末，确认应享有被投资单位净损益的份额时，以投资时被投资单位各项可辨认资产等的公允价值为基础，对被投资单位的净利润进行调整。然后，根据调整后的净利润确定应享有或应分担的份额，确认投资损益并调整长期股权投资的账面价值。在被投资单位进行利润分配时，应按照被投资单位宣告分派的利润或现金股利计算应分得的部分，相应减少长期股权投资的账面价值。在被投资单位发生除净损益以外所有者权益的其他变动时，应当相应调整长期股权投资的账面价值并计入所有者权益。

3. 存货

（1）存货包括主要材料、燃料、辅助材料、周转材料、自制半成品、库存商品。

（2）主要材料采用计划成本核算，其他全部采用实际成本核算。

（3）采用计划成本核算的主要材料，通过"材料采购"核算采购成本，原材料计划成本与实际成本的差异，通过"材料成本差异"核算，材料入库时逐笔结转差异。月末根据领料凭证汇总表结转发出材料成本，并计算发出材料应负担的成本差异，将计划成本调整为实际成本。

（4）辅助材料、燃料、自制半成品、库存商品采用实际成本核算，存货发出采用月末一次加权平均法。

（5）周转材料采用实际成本核算，存货发出采用先进先出法，包装物均为生产领用；周转材料均于领用时一次计入有关成本费用。

（6）存货盘存制度采用永续盘存制。

（7）受托代销商品，采用支付手续费方式核算，于商品销售后开出代销清单，并按不含税售价的 10% 确认代销劳务收入。

（8）委托代销商品，采用支付手续费方式核算，商品发出时不确认收入，在收到受托方发来代销清单后确认销售收入。

4. 产品成本核算

（1）成本计算对象及方法。产品成本核算采用品种法。制糖车间以白砂糖、绵白糖、废糖蜜为成本计算对象，颗粒粕车间以颗粒粕为成本计算对象，酒精车间以食用酒精为成本计算对象。制糖车间制糖过程产生的废糖蜜是副产品食用酒精的原材料，成本计算时只负担材料成本，完工后转入自制半成品。制糖车间制糖过程产生的甜菜废丝，是生产颗粒粕的原材料，成本计算时只负担材料成本，并于结转发出材料成本时将材料费用直接转入颗粒粕的生产成本。

（2）成本项目。制糖车间、颗粒粕车间、酒精车间设置以下四个成本项目：

直接材料包括生产过程中直接耗用的主要材料、辅助材料、周转材料以及其他直接材料。

直接人工包括直接从事产品生产的生产工人的工资、职工福利、社会保险、住房公积金、职工教育经费等应付职工薪酬。

燃料及动力包括为生产产品而发生的蒸汽费、电费、水费等。

制造费用包括各基本生产车间为组织管理生产所发生的各项间接费用，如车间管理人员工资、车间固定资产折旧费等。

（3）制糖车间设置制造费用明细账，核算制糖车间发生的间接费用。制造费用按生产工人工资比例进行分配（直接人工），分配率保留 5 位小数，尾差由最后一项负担。其他基本生产车间由于只生产单一产品，不需设置制造费用明细账，车间发生的全部费用均直接计入各车间的生产成本明细账。

（4）在产品成本计算采用约当产量法。完工产品各成本项目的分项单位成本保留 5 位小数，总成本的单位成本保留 2 位小数。

（5）辅助生产车间不设制造费用明细账，车间发生的所有费用，均直接计入"生产成本——辅助生产成本"。

（6）辅助生产成本按提供产品内容，分别设置供电和供气两个明细账进行会计核算，辅助生产成本的分配方法采用交互分配法。先根据各辅助生产车间内部相互供应的数量和交互分配前的成本分配率（单位成本），在各辅助生产部门间进行分配；然后再将各辅助生产车间交互分配后的实际费用，按对外提供劳务的数量，在辅助生产车间以外的各个受益部门之间进行分配。

5. 资产减值准备计提方法

（1）应收款项。计提坏账准备的应收款项主要包括应收账款、应收票据、其他应收款和长期应收款等。资产负债表日，按应收款项期末余额的5‰计提坏账准备。

（2）存货。资产负债表日，公司存货按照成本与可变现净值孰低计量。当其可变现净值低于成本时，提取存货跌价准备。存货按照类别计提存货跌价准备。

（3）非流动资产。固定资产、无形资产、长期股权投资、商誉、总部资产等期末可回收额如果低于其账面价值，应该计提资产减值准备，且一经计提不得转回。可供出售金融资产公允价值低于账面价值30%，可以计提减值准备。

6. 固定资产、无形资产和投资性房地产的折旧或摊销

（1）固定资产折旧。固定资产按类别设置房屋建筑物、机器设备、交通工具、电子产品四个二级明细账核算，分部门管理。

折旧年限如下：房屋建筑物20年，机器设备10年，交通工具4年，电子产品3年；净残值率为5%；折旧方法采用直线法。

（2）无形资产摊销。公司拥有商标权和非专利技术两项无形资产，分别设置商标权和非专利技术两个明细账进行会计核算。

商标权预计使用年限为6年，非专利技术使用年限不确定；商标权采用直线法摊销，非专利技术每年年末进行减值测试，确定是否计提减值准备；无形资产均无残值。

（3）投资性房地产折旧。企业拥有投资性房地产一项，是以经营租赁方式出租的写字楼一栋。该投资性房地产按照成本模式进行计量。投资性房地产20年；残值率为5%；采用直线法计提折旧。

7. 职工薪酬核算

（1）职工薪酬范围。职工薪酬核算范围包括职工工资、奖金、津贴补贴；职工福利费；养老保险、医疗保险、失业保险等社会保险费；住房公积金；职工教育经费；非货币性福利；因解除与职工劳动关系给予的补偿；其他与获得职工提供的服务相关的支出。

（2）职工薪酬的会计处理方法。应由生产产品负担的职工薪酬，计入产品成本；应

由在建工程、无形资产承担的职工薪酬，计入建造固定资产成本或无形资产成本；其他职工薪酬，计入当期损益。

（3）工资采用"基本工资＋岗位工资＋绩效工资"考核模式，每月月末考核员工业绩，编制工资表，下月5日通过银行发放上月工资。

（4）企业负担的养老保险、医疗保险、失业保险和住房公积金的计提，按上年度本单位职工月平均工资的20%、6%、2%、12%计算缴纳；个人负担的养老保险、医疗保险、失业保险和住房公积金，按职工个人上年度月平均工资的8%、2%、1%、12%计算，代扣代缴。

（5）职工教育经费按当月工资总额的1.5%计提。

（6）职工福利费在实际发生时，在工资总额14%范围内据实列支，计入相关成本费用。

8. 税费

（1）公司为一般纳税人，增值税税率17%。采购农产品进项税额扣除率为11%。

（2）城建税税率7%；教育费附加税率3%，地方教育费附加按当月应交增值税的2%计算缴纳。

（3）水利建设基金按销售收入的1‰计算缴纳。

（4）企业所得税按月计算、按季预缴，年末汇算清缴，税率25%。

（5）本公司销售的颗粒粕属于农用饲料，根据《财政部、国家税务总局关于饲料产品免征增值税问题的通知》（财税〔2001〕121号）第一条第一款第一项的规定，属于免税饲料产品，依法不计提增值税销项税。同时依据《中华人民共和国增值税暂行条例实施细则》第二十三条的规定"纳税人兼营免税项目或非应税项目而无法准确划分不得抵扣的进项税额的，按下列公式计算不得抵扣的进项税额：不得抵扣的进项税额＝当月全部进项税额×（当月免税项目销售额÷当月全部销售额合计）"进行进项税额转出。

9. 利润分配

根据公司章程规定，公司净利润按以下顺序进行分配：

（1）弥补亏损。

（2）按净利润的10%提取法定盈余公积。

（3）按净利润的5%提取任意盈余公积。

（4）根据董事会决议，向投资者分配股利。以前年度未分配的利润，可以并入本年度向投资者分配。

10. 其他

（1）各项分配率计算结果保留小数点后 5 位，尾差由最后一项负担。

（2）存货单位成本（或其他货币金额）保留小数点后 2 位。

11. 多栏式账户各明细科目设置

制造费用明细科目

职工薪酬	电话费	水电费	折旧费	其他

管理费用明细科目

职工薪酬	办公费	电话费	水电费	咨询费	修理费	研发费	物料消耗	折旧费	其他

销售费用明细科目

职工薪酬	电话费	水电费	代销手续费	差旅费	招待费	广告费	折旧费	其他

财务费用明细科目

手续费	利息支出	现金折扣

五、账务处理程序

采用科目汇总表账务处理程序，定期把全部记账凭证按科目汇总，编制科目汇总表，然后根据科目汇总表登记总分类账。具体汇总时间及次数由指导教师根据需要自行确定。

具体流程如图 2-3 所示。

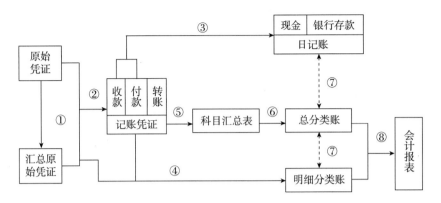

图 2-3　账务处理流程

一、2016 年 11 月 30 日总账及明细账数据资料

1. 资产类账户

表 3-1

单位：元

资产类账户资料

科目编码	科目名称	年初余额		本年 1~11 月		11 月 30 日余额	
		借方	贷方	累计借方	累计贷方	借方	贷方
1001	库存现金	5 620.00		2 657 087.09	2 653 057.09	9 650.00	
1002	银行存款	1 244 966.44		18 237 125.00	17 342 696.38	2 139 395.06	
100201	工行	1 244 966.44		18 237 125.00	17 342 696.38	2 139 395.06	
1012	其他货币资金	381 000.00		988 000.00	355 000.00	1 014 000.00	
101201	存出投资款	381 000.00		988 000.00	355 000.00	1 014 000.00	
1101	交易性金融资产（明细见表 3-10）	800 000.00		214 000.00		1 014 000.00	
1121	应收票据	916 000.00		1 200 000.00	116 000.00	2 000 000.00	
112101	江苏金太阳糖业公司	916 000.00		200 000.00	116 000.00	1 000 000.00	
112102	太子乳业有限公司			1 000 000.00		1 000 000.00	
1122	应收账款	2 371 620.00		3 816 750.00		6 188 370.00	
112201	科尔沁牛业公司	200 000.00		3 300 000.00		3 500 000.00	
112202	呼和浩特金川酒业公司			168 000.00		168 000.00	

续表

科目编码	科目名称	年初余额 借方	年初余额 贷方	本年 1~11 月 累计借方	本年 1~11 月 累计贷方	11 月 30 日余额 借方	11 月 30 日余额 贷方
112203	九芝堂股份有限公司	2 000 000.00				2 000 000.00	
112204	好利来食品公司	171 620.00		27 000.00		198 620.00	
112205	内蒙古意林食品公司			321 750.00		321 750.00	
1123	预付账款			6 924 000.00		6 924 000.00	
112301	白塔乡政府			6 874 000.00		6 874 000.00	
112302	南源包装制品公司			50 000.00		50 000.00	
1221	其他应收款	7 000.00		65 000.00	69 000.00	3 000.00	
122101	李志刚	7 000.00		65 000.00	69 000.00	3 000.00	
1231	坏账准备		16 473.10				16 473.10
123101	应收账款		11 858.10				11 858.10
123102	应收票据		4 580.00				4 580.00
123103	其他应收款		35.00				35.00
1401	材料采购			728 200.00	272 200.00	456 000.00	
140101	甜菜			728 200.00	272 200.00	456 000.00	
1403	原材料（明细见表3-6）	933 631.22		2 360 000.00	2 138 800.22	1 154 831.00	
1404	材料成本差异	8 808.00		15 768.00	19 276.00	5 300.00	
140401	原材料成本差异	8 808.00		15 768.00	19 276.00	5 300.00	

续表

科目编码	科目名称	年初余额		本年1~11月		11月30日余额	
		借方	贷方	累计借方	累计贷方	借方	贷方
1405	库存商品（明细见表3-7）	2 906 346.08		29 947 676.01	29 028 722.09	3 825 300.00	
1406	发出商品（明细见表3-8）	480 000.00		480 000.00		480 000.00	
1411	周转材料（明细见表3-9）	51 320.00		222 800.00	202 200.00	71 920.00	
1471	存货跌价准备		50 000.00				50 000.00
147101	原材料		35 950.00				35 950.00
147102	周转材料		2 050.00				2 050.00
147103	库存商品		12 000.00				12 000.00
1501	持有至到期投资（明细见表3-10）	1 000 000.00				1 000 000.00	
1503	可供出售金融资产（明细见表3-10）	1 228 200.00				1 228 200.00	
1511	长期股权投资	1 300 000.00			121 750.00	1 178 250.00	
151101	莘原糖业	1 300 000.00			121 750.00	1 1780 250.00	
1521	投资性房地产	48 000 000.00				48 000 000.00	
152101	写字楼	48 000 000.00				48 000 000.00	
1522	投资性房地产累计折旧		9 313 920.00		2 090 880.00		11 404 800.00
1601	固定资产	23 643 440.17		180 000.00		23 823 440.17	
160101	房屋建筑物	10 200 000.00				10 200 000.00	
160102	机器设备	10 398 000.00				10 398 000.00	

续表

科目编码	科目名称	年初余额		本年 1~11 月		11 月 30 日余额	
		借方	贷方	累计借方	累计贷方	借方	贷方
160103	交通工具	2 626 000.00		180 000.00		2 806 000.00	
160104	电子产品	419 440.17				419 440.17	
1602	累计折旧		1 409 164.71		2 119 502.00		3 528 666.71
160201	房屋建筑物		267 305.01		481 200.00		748 505.01
160202	机器设备		627 155.30		905 498.00		1 532 653.30
160203	交通工具		422 764.90		610 885.00		1 033 649.90
160204	电子产品		91 939.50		121 919.00		213 858.50
1604	在建工程	849 000.00		2 900 000.00		3 749 000.00	
160401	自建厂房	849 000.00		2 900 000.00		3 749 000.00	
1605	工程物资（明细见表 3-11）	32 000.00				32 000.00	
1701	无形资产	2 904 000.00				2 904 000.00	
170101	商标权	1 224 000.00				1 224 000.00	
170102	非专利技术	1 680 000.00				1 680 000.00	
1702	累计摊销		221 000.00		187 000.00		408 000.00
1703	无形资产减值准备		80 000.00				80 000.00
170301	非专利技术减值准备		80 000.00				80 000.00
1811	递延所得税资产	187 979.20				187 979.20	
	资产类合计	88 770 931.11	11 090 557.81	70 936 406.10	56 716 083.78	107 388 635.43	15 487 939.81

2. 负债类账户

表3-2

负债类账户资料

单位：元

科目编码	科目名称	年初余额		本年1~11月		11月30日余额	
		借方	贷方	累计借方	累计贷方	借方	贷方
2001	短期借款		4 968 000.00		7 032 000.00		12 000 000.00
200101	生产周转贷款		4 968 000.00		7 032 000.00		12 000 000.00
2202	应付账款		5 139 500.00	909 300.00	269 800.00		4 500 000.00
220201	中糖股份内蒙古分公司		2 429 500.00	909 300.00	129 800.00		1 650 000.00
220202	中粮集团内蒙古分公司		2 710 000.00		140 000.00		2 850 000.00
2203	预收账款		6 205 460.00		2 794 540.00		9 000 000.00
220301	君乐宝乳业		6 205 460.00		2 794 540.00		9 000 000.00
2211	应付职工薪酬		656 833.58	7 987 354.38	8 120 840.80		790 320.00
221101	工资		449 869.89	5 620 980.00	5 739 110.11		568 000.00
221102	养老保险费		76 991.00	1 124 013.02	1 147 822.02		100 800.00
221103	医疗保险费		43 619.69	357 726.30	344 346.61		30 240.00
221104	失业保险费		11 180.00	115 882.20	114 782.20		10 080.00
221105	住房公积金		45 401.00	673 614.21	688 693.21		60 480.00
221106	职工教育经费		29 772.00	95 138.65	86 086.65		20 720.00
2221	应交税费		78 284.00	27 205 151.00	26 621 550.00	505 317.00	

续表

科目编码	科目名称	年初余额		本年 1~11 月		11 月 30 日余额	
		借方	贷方	累计借方	累计贷方	借方	贷方
222101	应交增值税			12 981 760.00	12 981 760.00		
222102	待抵扣进项税			438 277.00		438 277.00	
222103	未交增值税		51 908.00	11 672 937.00	11 789 029.00		168 000.00
222104	应交城建税		12 862.00	139 872.00	138 770.00		11 760.00
222105	应交教育费附加		4 241.00	58 927.00	59 726.00		5 040.00
222106	应交地方教育费附加		4 473.00	31 100.00	29 987.00		3 360.00
222107	应交水利建设基金		4 800.00	121 000.00	126 000.00		9 800.00
222108	应交企业所得税			1 585 000.00	1 320 000.00	265 000.00	
222109	应交个人所得税			176 278.00	176 278.00		
2231	应付利息		1 758 580.00	1 827 600.00	169 020.00		100 000.00
223101	工行		1 758 580.00	1 827 600.00	169 020.00		100 000.00
2501	长期借款		5 000 000.00				5 000 000.00
250101	自建厂房专项借款		5 000 000.00				5 000 000.00
2901	递延所得税负债		172 928.00				172 928.00
	负债类合计		23 979 585.58	37 929 405.38	45 007 750.80	505 317.00	31 563 248.00

3. 所有者权益类账户

表3-3

所有者权益类账户资料

单位：元

科目编码	科目名称	年初余额		本年 1~11 月		11 月 30 日余额	
		借方	贷方	累计借方	累计贷方	借方	贷方
4001	股本		50 000 000.00				50 000 000.00
400101	国家股		30 000 000.00				30 000 000.00
400102	法人股		7 500 000.00				7 500 000.00
400103	公众股		12 500 000.00				12 500 000.00
4002	资本公积		1 321 250.00				1 321 250.00
400201	股本溢价		1 290 000.00				1 290 000.00
400202	其他资本公积		31 250.00				31 250.00
4101	盈余公积		1 792 800.00				1 792 800.00
410101	法定盈余公积		1 195 200.00				1 195 200.00
410102	任意盈余公积		597 600.00				597 600.00
4103	本年利润			91 816 740.10	99 263 746.00		7 447 005.90
4104	利润分配		967 890.22				967 890.22
410401	提取法定盈余公积						
410402	提取任意盈余公积						
410403	应付现金股利						
410404	未分配利润		967 890.22				967 890.22
	所有者权益类合计		54 081 940.22	91 816 740.10	99 263 746.00		61 528 946.12

4. 成本类账户

表3-4

成本类账户资料

单位：元

科目编码	科目名称	年初余额		本年 1~11 月		11 月 30 日余额	
		借方	贷方	累计借方	累计贷方	借方	贷方
5001	生产成本（见明细表 3-12）	381 152.50		21 250 950.00	21 149 921.00	482 181.50	
500101	基本生产成本	381 152.50		17 124 610.00	17 023 581.00	482 181.50	
50010101	制糖车间	298 102.20		13 136 909.20	13 049 109.90	385 901.50	
50010102	颗粒粕车间			3 465 890.00	3 465 890.00		
50010103	酒精车间	83 050.30		521 810.80	508 581.10	96 280.00	
500102	辅助生产成本			4 126 340.00	4 126 340.00		
50010201	供热车间			2 036 541.00	2 036 541.00		
50010202	供电车间			2 089 799.00	2 089 799.00		
5101	制造费用			2 000 038.00	2 000 038.00		
510101	制糖车间			2 000 038.00	2 000 038.00		
5301	研发支出			204 000.00		204 000.00	
530101	资本化支出			204 000.00		204 000.00	
	成本类合计	381 152.50		23 454 988.00	23 149 959.00	686 181.50	

5. 损益类账户

表 3-5　损益类账户资料

单位：元

科目编码	科目名称	上年全年		本年 1~11 月	
		累计借方	累计贷方	累计借方	累计贷方
6001	主营业务收入	95 209 092.30	95 209 092.30	98 909 289.79	98 909 289.79
600101	白砂糖	47 657 100.90	47 657 100.90	52 489 000.90	52 489 000.90
600102	绵白糖	28 764 869.80	28 764 869.80	30 986 836.32	30 986 836.32
600103	颗粒粕	9 097 765.00	9 097 765.00	8 745 612.00	8 745 612.00
600104	食用酒精	9 689 356.60	9 689 356.60	6 687 840.57	6 687 840.57
6051	其他业务收入	120 000.00	120 000.00	432 000.00	432 000.00
6101	公允价值变动损益	630 490.00	630 490.00	854 000.00	854 000.00
6111	投资收益	1 267 247.46	1 267 247.46	1 029 800.00	1 029 800.00
6301	营业外收入	869 502.33	869 502.33	990 500.00	990 500.00
6401	主营业务成本	76 707 703.90	76 707 703.90	81 943 977.65	81 943 977.65
640101	白砂糖	31 590 192.90	31 590 192.90	38 567 192.91	38 567 192.91
640102	绵白糖	25 431 909.87	25 431 909.87	29 871 927.38	29 871 927.38
640103	颗粒粕	8 027 190.99	8 027 190.99	1 675 477.46	1 675 477.46

续表

科目编码	科目名称	上年全年		本年 1~11 月	
		累计借方	累计贷方	累计借方	累计贷方
640104	食用酒精	11 658 410.14	11 658 410.14	11 829 379.90	11 829 379.90
6402	其他业务成本	65 000.00	65 000.00	110 000.00	110 000.00
6403	税金及附加	1 043 203.93	1 043 203.93	1 062 669.42	1 062 669.42
6601	销售费用	2 962 865.38	2 962 865.38	3 164 925.00	3 164 925.00
6602	管理费用	6 950 535.30	6 950 535.30	6 225 442.98	6 225 442.98
6603	财务费用	356 833.62	356 833.62	526 481.74	526 481.74
6701	资产减值损失	96 000.00	96 000.00		
6711	营业外支出	314 774.39	314 774.39	415 087.10	415 087.10
6801	所得税费用	1 986 087.57	1 986 087.57	1 320 000.00	1 320 000.00
680101	当期所得税费用	1 487 289.90	1 487 289.90	1 320 000.00	1 320 000.00
680102	递延所得税费用	498 797.67	498 797.67		
6901	以前年度损益调整				

6. 明细账户数据

表 3-6   原材料明细账户余额表

2016 年 11 月 30 日   单位：元

明细科目		编号	单位	数量	计划单价	金额
主要材料	甜菜	101	吨	1002	450.00	450 900.00
小　计						450 900.00
明细科目		编号	单位	数量	实际单价	金额
燃　料	煤	102	吨	50	465.00	23 250.00
	焦炭	103	吨	650	900.00	585 000.00
辅助材料	石灰	104	公斤	1000	0.65	650.00
	磷酸	105	公斤	260	4.85	1 261.00
	硫磺	106	公斤	500	1.20	600.00
	制糖消泡剂	107	桶	30	225.00	6 750.00
	絮凝剂	108	公斤	850	22.00	18 700.00
	二氧化硫	109	公斤	300	3.60	1 080.00
自制半成品	废糖蜜	110	吨	50	1 332.80	66 640.00
小　计						703 931.00
合　计						1 154 831.00

表 3-7   库存商品明细账户余额表

2016 年 11 月 30 日   单位：元

明细账户	产品编号	单位	数量	实际单价	金额
白砂糖	301	吨	650	4 500.00	2 925 000.00
绵白糖	302	吨	150	4 800.00	720 000.00
颗粒粕	303	吨	65	980.00	63 700.00
食用酒精	304	吨	26.5	4 400.00	116 600.00
小　计					3 825 300.00

表 3–8   发出商品明细账户余额

2016 年 11 月 30 日   单位：元

明细账户	编号	单位	数量	单价	金额
绵白糖	302	吨	100	4 800.00	480 000.00
小　计					480 000.00

表 3–9   周转材料明细账户余额

2016 年 11 月 30 日   单位：元

明细科目		编号	单位	数量	单价	金额
包装物	包装袋	201	包	200	175.00	35 000.00
	化纤袋	202	包	180	65.00	11 700.00
	铁桶	203	个	500	25.00	12 500.00
低值易耗品	减压阀	204	个	12	560.00	6 720.00
	滤布	205	条	200	30.00	6 000.00
小　计						71 920.00

表 3–10   金融资产明细账户余额

2016 年 11 月 30 日   单位：元

一级科目	二级科目	三级科目	金额	
			借方	贷方
交易性金融资产	雪原乳业	成本	350 000.00	
		公允价值变动	664 000.00	
小　计			**1 014 000.00**	
持有至到期投资	国债	成本	1 000 000.00	
小　计			**1 000 000.00**	
可供出售金融资产	桂林制糖股票	成本	200 000.00	
	大唐公司债券	成本	1 000 000.00	
		利息调整	28 200.00	
小　计			**1 228 200.00**	

表 3-11　　　　　　　　　　　　　工程物资明细账户余额

2016 年 11 月 30 日　　　　　　　　　　单位：元

明细账户	编号	单位	数量	单价	金额
水泥	501	吨	100	320.00	32 000.00

表 3-12　　　　　　　　　　　　生产成本明细账户期初余额

2016 年 11 月 30 日　　　　　　　　　　单位：元

生产成本		直接材料	直接人工	燃料动力	制造费用	合　计
制糖车间	白砂糖	93 600.00	78 500.00	54 880.20	7 020.80	234 001.00
	绵白糖	53 760.00	37 392.00	33 376.20	9 872.30	134 400.50
	废糖蜜	17 500.00				17 500.00
	小　计	164 860.00	115 892.00	88 256.40	16 893.10	385 901.50
颗粒粕车间	颗粒粕					
酒精车间	食用酒精	71 040.00	14 530.00	6 850.00	3 860.00	96 280.00
供热车间						
供电车间						
小　计		235 900.00	130 422.00	95 106.4	20 753.1	482 181.50

二、2016 年 1~11 月及 2015 年有关报表数据资料

表 3-13

资产负债表

2015 年 12 月 31 日 单位：元

项目	期末余额	期初余额	项目	期末余额	期初余额
流动资产：			流动负债：		
货币资金	1 631 586.44	1 376 832.40	短期借款	4 968 000.00	13 220 000.00
交易性金融资产	800 000.00	751 351.00	交易性金融负债		
应收票据	911 420.00	806 763.51	衍生金融负债		
应收账款	2 359 761.90	452 332.29	应付票据		
预付账款			应付账款	5 139 500.00	6 760 073.80
应收利息			预收账款	6 205 460.00	
应收股利			应付职工薪酬	656 833.58	608 342.50
其他应收款	6 965.00	6 574.32	应交税费	78 284.00	1 075 585.78
存货	4 231 257.80	4 383 345.55	应付利息	1 758 580.00	1 628 751.94
一年内到期的非流动资产			应付股利		
其他流动资产			其他应付款		
流动资产合计	9 940 991.14	7 777 199.07	一年内到期的非流动负债		
非流动资产：			其他流动负债		
可供出售金融资产	1 228 200.00	1 000 000.00	流动负债合计	18 806 657.58	23 292 754.02
持有至到期投资	1 000 000.00	1 796 932.43	非流动负债：		
长期应收款			长期借款	5 000 000.00	4 630 872.48
长期股权投资	1 300 000.00	2 220 945.94	应付债券		
投资性房地产	38 686 080.00	39 877 027.02	长期应付款		
固定资产	22 234 275.46	20 882 716.90	专项应付款		
在建工程	849 000.00	777 648.64	预计负债		
工程物资	32 000.00	30 054.05	递延所得税负债	172 928.00	180 519.30
固定资产清理			其他非流动负债		
生产性生物资产			非流动负债合计	5 172 928.00	4 811 391.78
油气资产			负债合计	23 979 585.58	28 104 145.80
无形资产	2 603 000.00	2 345 662.56	所有者权益：		
开发支出			股本	50 000 000.00	45 000 000.00
商誉			资本公积	1 321 250.00	1 223 708.05
长期待摊费用			其他综合收益		
递延所得税资产	187 979.20	176 548.03	盈余公积	1 792 800.00	1 660 445.63
其他非流动资产			未分配利润	967 890.22	896 435.17
非流动资产合计	68 120 534.66	69 107 535.57	所有者权益合计	54 081 940.22	48 780 588.85
资产总计	78 061 525.80	76 884 734.65	负债和所有者权益总计	78 061 525.80	76 884 734.65

表 3-14　　　　　　　　利润表相关数据　　　　　　　　单位：元

项目	2015 年发生额	2016 年 1~11 月发生额
一、营业收入	95 329 092.30	99 341 289.79
减：营业成本	76 772 703.90	82 053 977.65
税金及附加	1 043 203.93	1 062 669.42
销售费用	2 962 865.38	3 164 925.00
管理费用	6 950 535.30	6 225 442.98
财务费用	356 833.62	526 481.74
资产减值损失	96 000.00	
加：公允价值变动收益（损失以"-"号填列）	630 490.00	854 000.00
投资收益（损失以"-"号填列）	1 267 247.46	1 029 800.00
其中：对联营企业和合营企业的投资收益		
二、营业利润（亏损以"-"号填列）	9 044 687.63	8 191 593.00
加：营业外收入	869 502.33	990 500.00
减：营业外支出	314 774.39	415 087.10
其中：非流动资产处置损失		
三、利润总额（亏损总额以"-"号填列）	9 599 415.57	8 767 005.90
减：所得税费用	1 986 087.57	1 320 000.00
四、净利润（净亏损以"-"号填列）	7 613 328.00	7 447 005.90
五、每股收益		
（一）基本每股收益（元／股）		
（二）稀释每股收益（元／股）		
六、其他综合收益		
七、综合收益		

表 3-15 现金流量表相关数据 单位：元

项目	2015 年发生额	2016 年 1~11 月发生额
一、经营活动产生的现金流量		
销售商品、提供劳务收到的现金	69 741 532.90	73 825 647.62
收到的税费返还		
收到其他与经营活动有关的现金	6 998.70	8 098.58
经营活动现金流入小计	69 748 531.60	73 833 746.20
购买商品、接受劳务支付的现金	49 245 860.58	50 426 559.88
支付给职工以及为职工支付的现金	7 251 013.50	7 987 354.38
支付的各项税费	5 624 704.08	6 945 151.00
支付其他与经营活动有关的现金	8 926 953.08	8 624 879.70
经营活动现金流出小计	71 048 531.24	73 983 944.96
经营活动产生的现金流量净额	-1 299 999.64	-150 198.76
二、投资活动产生的现金流量		
收回投资收到的现金	3 250 000.00	2 538 461.53
取得投资收益收到的现金	880 266.76	812 553.93
处置固定资产、无形资产和其他长期资产收回的现金净额	9 625.00	8 884.61
处置子公司及其他营业单位收到的现金净额		
收到其他与投资活动有关的现金		
投资活动现金流入小计	4 139 891.76	3 359 900.07
购建固定资产、无形资产和其他长期资产支付的现金	1 486 633.98	2 332 665.86
投资支付的现金	1 500 000.00	3 230 769.20
取得子公司及其他营业单位支付的现金净额		
支付其他与投资活动有关的现金		
投资活动现金流出小计	2 986 633.98	5 563 435.06
投资活动产生的现金流量净额	1 153 257.78	-2 203 534.99
三、筹资活动产生的现金流量		
吸收投资收到的现金		
取得借款收到的现金	3 337 750.00	7 032 000.00

续表

项目	2015 年发生额	2016 年 1~11 月发生额
收到其他与筹资活动有关的现金		
筹资活动现金流入小计	3 337 750.00	7 032 000.00
偿还债务支付的现金	1 356 250.00	909 300.00
分配股利、利润或偿付利息支付的现金	444 066.60	409 907.63
支付其他与筹资活动有关的现金	1 135 937.50	1 827 600.00
筹资活动现金流出小计	2 936 254.10	3 146 807.63
筹资活动产生的现金流量净额	401 495.90	3 885 192.37
四、汇率变动对现金及现金等价物的影响		
五、现金及现金等价物净增加额	254 754.04	1 531 458.62
加：期初现金及现金等价物余额	1 376 832.40	1 631 586.44
六、期末现金及现金等价物余额	1 631 586.44	3 163 045.06

第四章

2016 年 12 月份经济业务描述

华糖实业股份有限公司 2016 年 12 月份经济业务简要描述如下：

（1）12 月 1 日，购买甜菜。

（2）12 月 1 日，支付财务部员工营改增培训费用。

（3）12 月 1 日，收到 2016 年全年投资性房地产租金（该房产于 2016 年 4 月 30 日之前建成）。

（4）12 月 2 日，销售退回。

（5）12 月 2 日，销售绵白糖，代垫运费。

（6）12 月 3 日，上月购买甜菜验收入库。

（7）12 月 3 日，货币资金转入证券公司投资账户。

（8）12 月 3 日，收回欠款。

（9）12 月 3 日，行政部齐晓报销办公费。

（10）12 月 4 日，收到上海太古糖业有限公司委托代销商品。

（11）12 月 4 日，提现。

（12）12 月 4 日，承兑汇票贴现。

（13）12 月 5 日，偿还货款。

（14）12 月 5 日，发放上月工资。

（15）12 月 6 日，销售部李志刚报销差旅费。

（16）12 月 6 日，付销售部房租，并分摊本月应负担租金。

（17）12 月 6 日，购买股票，划分为交易性金融资产。

（18）12 月 6 日，1 日购买的甜菜验收入库，发生运输途中合理损耗 3 吨。支付甜菜整理挑选劳务费。

（19）12月7日，定制的白糖专用包装袋等到货。

（20）12月7日，领取工程物资。

（21）12月8日，出售代销商品，开出代销清单。

（22）12月8日，付电话费。

（23）12月9日，付广告费。

（24）12月9日，付设备维修费。

（25）12月10日，交税。

（26）12月10日，交11月份社保费、住房公积金（包括单位、个人负担部分）。

（27）12月11日，收到制糖车间王刚交来违规操作罚款。

（28）12月11日，以固定资产对外投资。

（29）12月12日，报废固定资产，同时结转净损益。

（30）12月12日，向工商银行借入生产周转借款。

（31）12月12日，销售食用酒精，款未收。双方约定现金折扣条件：2/10、1/20、N/30，税费不享受折扣。

（32）12月13日，购入咖啡糖用于新产品研发。

（33）12月13日，支付厂房工程款。

（34）12月14日，被投资单位宣告发放现金股利。华糖实业股份有限公司在2015年12月20日持有广西桂林制糖股份有限公司50 000股股票，将其划分为可供出售金融资产核算。

（35）12月14日，融资租入设备。

（36）12月15日，计算公司持有的国债利息（票面利率与实际利率接近）。

（37）12月15日，计算公司持有的大唐公司债券利息。

（38）12月16日，购买辅助材料。

（39）12月16日，2日办理的托收承付款收回。

（40）12月17日，转让非专利技术。该技术转让经省级科技部门批准，免征增值税。

（41）12月18日，出售持有的雪原乳业股份50 000股。

（42）12月18日，与九芝堂股份有限公司进行债务重组。该笔债权已计提10 000元坏账准备。

（43）12月19日，收到委托方开来的发票，支付货款。

（44）12月19日，付法律咨询费。

（45）12月20日，对希望小学捐款。

（46）12月20日，销售部张毅预借差旅费。

（47）12 月 21 日，收到呼和浩特市金川酒业公司本月 12 日购食用酒精款。

（48）12 月 21 日，分期收款发出白砂糖，具有融资性质。银行同期贷款利率为 5.5%。

（49）12 月 22 日，购买燃料，已验收入库。货款及对方代垫运费以江苏金太阳糖业公司应收票据 100 万元偿还，余款暂欠。

（50）12 月 22 日，支付第四季度借款利息，其中短期借款利息已预提 10 万元。

（51）12 月 23 日，收到开户银行利息入账通知单。

（52）12 月 23 日，预付水电费。污水处理费由制糖车间负担。

（53）12 月 24 日，预定 2017 年报纸杂志。

（54）12 月 25 日，委托恒康公司代销绵白糖，收到恒康食品公司代销清单及代销款项。

（55）12 月 25 日，分配本月工资。

（56）12 月 25 日，计提本月企业负担社保费、住房公积金、职教费。

（57）12 月 26 日，销售颗粒粕。

（58）12 月 26 日，给职工发放绵白糖、白砂糖。绵白糖公允价（当期售价 5 900/ 吨），白砂糖公允价（当期售价 5 500/ 吨）。

（59）12 月 27 日，付职工体检费。

（60）12 月 28 日，付招待费。

（61）12 月 28 日，在建工程交付使用。

（62）12 月 29 日，剩余工程物资对外销售，并结转销售成本（水泥为 2016 年 5 月 1 日后购入）。

（63）12 月 29 日，支付糖研所研发检验费（符合资本化条件）。

（64）12 月 29 日，根据第六届董事会第三十次会议决议进行配股。

（65）12 月 30 日，无形资产研发完成投入使用。

（66）12 月 31 日，收到法院传票，因侵犯包头华资实业股份有限公司注册商标权而被起诉，公司法律顾问预计最终的法律判决很可能对公司不利，本诉讼败诉的可能性为 80%。

（67）12 月 31 日，无形资产（商标权）摊销。

（68）12 月 31 日，分配水电费。

（69）12 月 31 日，计提固定资产折旧。

（70）12 月 31 日，计提投资性房地产累计折旧。

（71）12 月 31 日，根据领料单编制发料凭证汇总表，结转耗用材料计划成本并分摊材料成本差异。

（72）12月31日，根据领料单编制发料凭证汇总表，结转耗用材料实际成本。

（73）12月31日，分配辅助生产费用。

（74）12月31日，分配制糖车间制造费用。

（75）12月31日，计算制糖车间完工产品成本，白砂糖、绵白糖入库，废糖蜜入半成品库。

（76）12月31日，计算颗粒粕车间完工产品成本。

（77）12月31日，酒精车间领用废糖蜜。

（78）12月31日，计算酒精车间完工产品成本。

（79）12月31日，股份支付等待期会计处理。该期权在授予日的公允价值为8.25元/股。根据股份支付协议和人力资源部年末业绩考核结果，截至年末有4名管理人员离职，剩余16名继续就职，预计未来不会有人离开。

（80）12月31日，结转本月销售成本。

（81）12月31日，处理财产清查发现的盘盈盘亏原材料。

（82）12月31日，处理财产清查发现的盘盈盘亏固定资产。

（83）12月31日，计算交易性金融资产的公允价值变动（当日市值雪原乳业每股12.15元，圣牧高科每股15元）。

（84）12月31日，计算可供出售金融资产资产负债表日公允价值变动。

（85）12月31日，计提坏账准备。

（86）12月31日，计提存货跌价准备。

（87）12月31日，计提固定资产、无形资产减值准备。

（88）12月31日，本月销售的免税产品（颗粒粕）进项税转出；计算并结转本月应交增值税。

（89）12月31日，计算本月应纳各种税费。

（90）12月31日，结转损益类账户。

（91）12月31日，计算递延所得税。

（92）12月31日，纳税调整，计算当期所得税。

（93）12月31日，结转所得税费用。

（94）12月31日，结转全年净利润。

（95）12月31日，根据公司的利润分配政策进行利润分配（本年股东大会批准的利润分配方案是，按可供分配利润的40%向投资者分配）。结转利润分配各明细账户。

第五章

2016 年 12 月份经济业务原始凭证

原始凭证 1-1

1500143130

内蒙古增值税专用发票

抵 扣 联

N₀01510772

开票日期：2016 年 12 月 1 日

税总函（2016）257 号北京印钞有限公司

购买方	名　称：华糖实业股份有限公司 纳税人识别号：150101680041112 地址、电话：呼和浩特市学苑路 88 号　0471-8862578 开户行及账号：工商银行学苑路支行 6255581811000770123				密码区	<77>-6*14695784-1+ +47134377 7<42307-*62738+978*5<-6231/ 78<5/35146+6275>80-9<<*713 437777/2403/<<67-8*978*3>06		
货物或应税劳务、服务名称	规格型号	单位	数量	单价	金额	税率	税额
甜菜		吨	15 000	420.00	6 300 000.00	11%	693 000.00
合　计					¥6 300 000.00		¥693 000.00
价税合计（大写）	⊗陆佰玖拾玖万叁仟元整				（小写）¥6 993 000.00		
销售方	名　称：白塔乡政府 纳税人识别号：（无） 地址、电话：白塔乡　0471-4567821 开户行及账号：金谷银行白塔支行　23400010022				备注	150101680041112 发票专用章		

收款人：　　　复核：　　　开票人：李志刚　　　销售方：（章）

第二联　抵扣联　购货方扣税凭证

原始凭证 1-2

1500143130

内蒙古增值税专用发票

发 票 联

N₀01510772

开票日期：2016 年 12 月 1 日

税总函（2016）257 号北京印钞有限公司

购买方	名　称：华糖实业股份有限公司 纳税人识别号：150101680041112 地址、电话：呼和浩特市学苑路 88 号　0471-8862578 开户行及账号：工商银行学苑路支行 6255581811000770123				密码区	<77>-6*14695784-1+ +47134377 7<42307-*62738+978*5<-6231/ 78<5/35146+6275>80-9<<*713 437777/2403/<<67-8*978*3>06		
货物或应税劳务、服务名称	规格型号	单位	数量	单价	金额	税率	税额
甜菜		吨	15 000	420.00	6 300 000.00	11%	693 000.00
合　计					¥6 300 000.00		¥693 000.00
价税合计（大写）	⊗陆佰玖拾玖万叁仟元整				（小写）¥6 993 000.00		
销售方	名　称：白塔乡政府 纳税人识别号：（无） 地址、电话：白塔乡　0471-4567821 开户行及账号：金谷银行白塔支行　23400010022				备注	150101680041112 发票专用章		

收款人：　　　复核：　　　开票人：李志刚　　　销售方：（章）

第三联　发票联　购货方记账凭证

原始凭证 1-3

内蒙古增值税专用发票

1500143130

抵 扣 联

N<u>o</u>01528664

开票日期: 2016 年 12 月 1 日

税总函 (2016) 257 号北京印钞有限公司

购买方	名　　称: 华糖实业股份有限公司					密码区	⟨77⟩-6*14695784-1+ +47134377 7⟨42307-*62738+978*5⟨-6231/ 78*⟨5/35146+6275⟩80-9⟨⟨*713 437777/2403/⟨⟨67-8*978*3⟩06		
	纳税人识别号: 150101680041112								
	地址、电话: 呼和浩特市学苑路 88 号　0471-8862578								
	开户行及账号: 工商银行学苑路支行 6255581811000770123								
货物或应税劳务、服务名称	规格型号	单位	数量	单价	金额		税率	税额	
运费					360 000.00		11%	39 600.00	
合　计					¥360 000.00			¥39 600.00	
价税合计（大写）	⊗叁拾玖万玖仟陆佰元整						(小写) ¥399 600.00		
销售方	名　　称: 呼和浩特市第三运输公司					备注			
	纳税人识别号: 150101234596478								
	地址、电话: 呼和浩特市东阳大街 48 号　0417-6532786								
	开户行及账号: 建行兴安路支行　567123695200012								

收款人:　　　　复核:　　　　开票人: 王芳

第二联　抵扣联　购货方扣税凭证

原始凭证 1-4

内蒙古增值税专用发票

1500143130

发 票 联

N<u>o</u>01528664

开票日期: 2016 年 12 月 1 日

税总函 (2016) 257 号北京印钞有限公司

购买方	名　　称: 华糖实业股份有限公司					密码区	⟨77⟩-6*14695784-1+ +47134377 7⟨42307-*62738+978*5⟨-6231/ 78*⟨5/35146+6275⟩80-9⟨⟨*713 437777/2403/⟨⟨67-8*978*3⟩06		
	纳税人识别号: 150101680041112								
	地址、电话: 呼和浩特市学苑路 88 号　0471-8862578								
	开户行及账号: 工商银行学苑路支行 6255581811000770123								
货物或应税劳务、服务名称	规格型号	单位	数量	单价	金额		税率	税额	
运费					360 000.00		11%	39 600.00	
合　计					¥360 000.00			¥39 600.00	
价税合计（大写）	⊗叁拾玖万玖仟陆佰元整						(小写) ¥399 600.00		
销售方	名　　称: 呼和浩特市第三运输公司					备注			
	纳税人识别号: 150101234596478								
	地址、电话: 呼和浩特市东阳大街 48 号　0417-6532786								
	开户行及账号: 建行兴安路支行　567123695200012								

收款人:　　　　复核:　　　　开票人: 王芳

第三联　发票联　购货方记账凭证

原始凭证 1–5

农产品收购合同

种植方（甲方）：＿＿＿白塔乡政府＿＿＿＿＿＿

收购方（乙方）：＿＿＿华糖实业股份有限公司＿＿

　　根据《中华人民共和国合同法》及其他有关法律法规的规定，甲乙双方在平等、自愿、公平、诚实信用的基础上，就种植甜菜收购的有关事宜达成如下协议。

　　第一条　产品质量要求：应符合 GB18406–2001（农产品安全质量）标准提出的无公害要求，粮食作物应达到相应的国家标准，新鲜，不腐烂并剔除藤蒂。

　　第二条　甲方作为种植户代表，监督管理种植户的具体种植情况，并代为收取、发放收购款项。

　　第三条　交（提）货地点、运输方式及费用承担：乙方派指定人员在当地收购，运输费用由乙方承担，甲方无偿帮助装车。

　　第四条　检验方法：根据质量要求当场进行验收，边收边验。

　　第五条　结算方式及期限：款项提前由乙方预付给甲方，向农户收购的甜菜经验收过磅后由甲方当场付清现金。农产品收购发票由收购方自开。

　　第六条　违约责任：

　　1.甲方交付的产品不符合约定要求的，乙方有权要求补足、换货或退货，由此发生的费用由甲方承担。

　　2.甲方将产品或乙方提供的种苗擅自转卖或变卖的，按照部分产品或种苗市场价格的 100 ％向乙方支付违约金。

　　3.乙方未按约定收购提供技术培训存在差误，应承担由此给甲方造成的损失 。

　　第七条　因发生自然灾害、重大疫情等不可抗力的，经核实可全部或部分免除责任，但应当及时通知对方，并在合理期限内提供证明。

　　第八条　本合同自双方签字盖章之日起生效。本合同一式三份，双方各执一份，登记备案一份，具有同等法律效力。

种植方（甲方）签章：白塔乡政府　收购方（乙方）签章：华糖实业股份有限公司

法定代表人：

签订时间：2016 年 4 月 1 日

法定代表人：

签订时间：2016 年 4 月 1 日

原始凭证 1-6

付款申请单

申请部门：供应部　　　　　　　　　　2016 年 12 月 1 日

收款单位名称	白塔乡政府	付款方式	现金支票
本次付款金额	大写：壹拾壹万玖仟元整	小写	¥：119 000.00
收款单位开户行	金谷银行白塔支行	账号	23400010022
付款事由	收购甜菜款（已预付 687.4 万元）	经办人	王凯

总经理：李浩东　　　　　　部门负责人：王亮　　　　　　财务负责人：刘丽

原始凭证 1-7

付款申请单

申请部门：供应部　　　　　　　　　　2016 年 12 月 1 日

收款单位名称	呼和浩特市第三运输公司	付款方式	转账支票
本次付款金额	大写：叁拾玖万玖仟陆佰元整	小写	¥：399 600.00
收款单位开户行	建行兴安路支行	账号	3698752100020
付款事由	收购甜菜运费	经办人	王凯

总经理：李浩东　　　　　　部门负责人：王亮　　　　　　财务负责人：刘丽

原始凭证 1-8

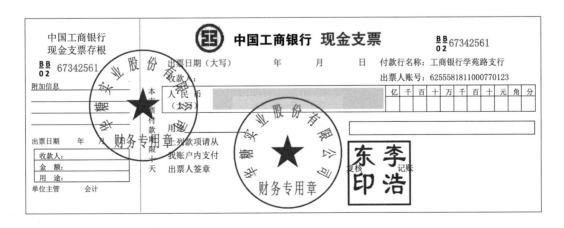

原始凭证 1-9

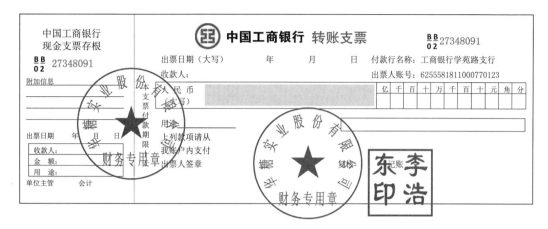

原始凭证 2-1

华糖实业股份有限公司

费用报销单

部门：财务部　　　　　　　　　　　2016 年 12 月 1 日

报销金额	（大写）捌仟陆百元整			（小写）¥8 600.00	
开支内容	营改增培训费				
总经理		财务负责人	部门负责人	实务保管、验收人	经办人
		刘丽	刘丽		赵刚
说明：					

原始凭证 2-2

ICBC 中国工商银行　业务回单（付款）

日期：2016 年 12 月 01 日　　　　　　　　回单编号：92839069

付款人户名：华糖实业股份有限公司	付款人开户行：工商银行学苑路支行
付款人账号（卡号）：6255581811000770123	
收款人户名：普利达税务师事务所	收款人开户行：农行兴安路分理处
收款人账号（卡号）：0600778110056117	
金额：捌仟陆佰元整	小写：　¥8 600.00
业务（产品）种类：跨行付款　　凭证种类：00000000	凭证号码：0000000000000000000
摘要：付培训费　　　　　用途：付培训费	币种：人民币
交易机构：0410000298　　记账柜员：00023　　交易代码：52069	渠道：其他渠道
附言：	

本回单为第 1 次打印，注意重复　　打印日期：2016 年 12 月 01 日　　打印柜员：9　　验证码：4985B3E5006

原始凭证 2-3

1500143130　　内蒙古增值税专用发票　　No02547921

抵 扣 联

开票日期：2016 年 12 月 1 日

| 购买方 | 名　称：华糖实业股份有限公司 纳税人识别号：150101680041112 地址、电话：呼和浩特市学苑路88号 0471-8862578 开户行及账号：工商银行学苑路支行 6255581811000770123 | 密码区 | <77>-6*14695784-1+ +47134377 7<42307-*62738+978*5<-6231/ 78*<5/35146+6275>80-9<<*713 437777/2403/<<67-8*978*3>06 |

货物或应税劳务、服务名称	规格型号	单位	数量	单价	金额	税率	税额
培训费					8 113.21	6%	486.79
合　计					¥8 113.21		¥486.79

价税合计（大写）　⊗捌仟陆佰元整　　（小写）¥8 600.00

| 销售方 | 名　称：普利达税务师事务所 纳税人识别号：150102330001124 地址、电话：兴安路68号 0471-3657890 开户行及账号：农行兴安路分理处 06000778110056117 | 备注 | 150102330001124 发票专用章 |

收款人：　　复核：　　开票人：夏芳　　销售方：（章）

原始凭证 2-4

1500143130　　内蒙古增值税专用发票　　No02547921

发 票 联

开票日期：2016 年 12 月 1 日

| 购买方 | 名　称：华糖实业股份有限公司 纳税人识别号：150101680041112 地址、电话：呼和浩特市学苑路88号 0471-8862578 开户行及账号：工商银行学苑路支行 6255581811000770123 | 密码区 | <77>-6*14695784-1+ +47134377 7<42307-*62738+978*5<-6231/ 78*<5/35146+6275>80-9<<*713 437777/2403/<<67-8*978*3>06 |

货物或应税劳务、服务名称	规格型号	单位	数量	单价	金额	税率	税额
培训费					8 113.21	6%	486.79
合　计					¥8 113.21		¥486.79

价税合计（大写）　⊗捌仟陆佰元整　　（小写）¥8 600.00

| 销售方 | 名　称：普利达税务师事务所 纳税人识别号：150102330001124 地址、电话：兴安路68号 0471-3657890 开户行及账号：农行兴安路分理处 06000778110056117 | 备注 | 150102330001124 发票专用章 |

收款人：　　复核：　　开票人：夏芳　　销售方：（章）

原始凭证 3-1

内蒙古增值税专用发票

1500143130

记账联

No01510773

开票日期：2016 年 12 月 1 日

购买方	名　　　称：新华保险内蒙古分公司 纳税人识别号：150430280983478 地址、电话：呼和浩特市赛罕区金桥路　0471-6525800 开户行及账号：民生银行 11002558863702208889					密码区	<77>-6*14695784-1+ +47134377 7<42307-*62738+978*5<-6231/ 78*<5/35146+6275>80-9<<*713 437777/2403/<<67-8*978*3>06		
货物或应税劳务、服务名称	规格型号	单位	数量	单价		金额	税率	税额	
租金						285 714.29	5%	14 285.71	
合　计						¥285 714.29		¥14 285.71	
价税合计（大写）	⊗叁拾万元整				（小写）¥300 000.00				

税总函（2016）257 号北京印钞有限公司

销售方	名　　　称：华糖实业股份有限公司 纳税人识别号：150101680041112 地址、电话：呼和浩特市学苑路 88 号　0471-8862578 开户行及账号：工商银行学苑路支行　6255581811000770123	备注	华糖实业股份有限公司 150101680041112 发票专用章

第一联　记账联　销货方记账凭证

收款人：　　　　　复核：　　　　　开票人：李志刚　　　　　销售方：（章）

原始凭证 3-2

中国工商银行 进 账 单（回 单）　　1

2016 年 12 月 1 日

出票人	全　称	新华保险内蒙古分公司	收款人	全　称	华糖实业股份有限公司									
	账　号	11002558863702208889		账　号	6255581811000770123									
	开户银行	民生银行新华支行		开户银行	工商银行学苑路支行									
金额	人民币 （大写）叁拾万元整					亿	千	百	十	万	千	百	十	元	角	分
									¥	3	0	0	0	0	0	0	0
票据种类	转账支票	票据张数	壹												
票据号码	0460952			工商银行学苑路支行 结算专用章(5) （呼和浩特市）											
	复核：　　　　　记账：						开户银行签章							

此联是开户银行给持票人的回单

原始凭证 4-1

开具红字增值税专用发票通知单

填开日期：2016 年 12 月 2 日　　　　　　　　　　　　　NO. 1602012268

销售方	名　称	华糖实业股份有限公司	购买方	名　称	内蒙古意林食品公司
	税务登记代码	150101680041112		税务登记代码	50101006112312

	货物（劳务）名称	单价	数量	金额	税额
开具红字发票内容	白砂糖	5 500	−50 吨	−275 000.00	−46 750.00
	合计			−275 000.00	−46 750.00

说明	需要作进项税额转出□ 不需要作进项税额转出□ 　　　纳税人识别号认证不符□ 　　　专用发票代码、号码认证不符 　　　对应蓝字专用发票密码区内打印的代码： 　　　　　　　　　　　　号码： 开具红字专用发票理由：发货延迟

经办人：李颖　　负责人：　　　　主管税务机关名称（印章）：呼和浩特市新城区国税局

注：

1.本通知单一式三联：第一联，购买方主管税务机关留存；第二联，购买方送交销售方留存；第三联，购买方留存。

2.通知单应与申请单一一对应。

原始凭证 4-2

内蒙古增值税专用发票

1500143130

No01510774

记账联

开票日期：2016 年 12 月 2 日

购买方	名　　　称：内蒙古意林食品公司 纳税人识别号：150101006112312 地址、电话：呼和浩特市腾飞路 10 号　0471-6680326 开户行及账号：建行腾飞路支行　32156478511100011312	密码区	<77>-6*14695784-1+ +47134377 7<42307-*62738+978*5<-6231/ 78*<5/35146+6275>80-9<<*713 437777/2403/<<67-8*978*3>06

货物或应税劳务、服务名称	规格型号	单位	数量	单价	金额	税率	税额
白砂糖		吨	-50	5 500	-275 000.00	17%	-46 750.00
合　　计					¥ -275 000.00		¥ -46 750.00

价税合计（大写）	⊗叁拾贰万壹仟柒佰伍拾元整　（小写）¥-321 750.00

销售方	名　　　称：华糖实业股份有限公司 纳税人识别号：150101680041112 地址、电话：呼和浩特市学苑路 88 号　0471-8862578 开户行及账号：工商银行学苑路支行　6255581811000770123	备注	开具红字增值税专用发票通知单号 1602012268

收款人：　　　　　复核：　　　　　开票人：李志刚　　　　　销售方：（章）

原始凭证 5-1

内蒙古增值税专用发票

1500143130

No01510775

记账联

开票日期：2016 年 12 月 2 日

购买方	名　　　称：沈阳市光明食品公司 纳税人识别号：210102112345612 地址、电话：沈阳市大溪街 38 号　024-3526874 开户行及账号：农行沈阳小北支行　62284800111000123	密码区	<77>-6*14695784-1+ +47134377 7<42307-*62738+978*5<-6231/ 78*<5/35146+6275>80-9<<*713 437777/2403/<<67-8*978*3>06

货物或应税劳务、服务名称	规格型号	单位	数量	单价	金额	税率	税额
绵白糖		吨	500	5 900.00	2 950 000.00	17%	501 500.00
合　　计					¥2 950 000.00		¥501 500.00

价税合计（大写）	⊗叁佰肆拾伍万壹仟伍佰元整　（小写）¥3 451 500.00

销售方	名　　　称：华糖实业股份有限公司 纳税人识别号：150101680041112 地址、电话：呼和浩特市学苑路 88 号　0471-8862578 开户行及账号：工商银行学苑路支行　6255581811000770123		

收款人：　　　　　复核：　　　　　开票人：李志刚　　　　　销售方：（章）

原始凭证 5-2

购销合同

销售方（以下称甲方）：华糖实业股份有限公司

购买方（以下称乙方）：沈阳市光明食品公司

　　甲、乙双方本着互惠互利的原则，根据《中华人民共和国合同法》，经双方友好协商，就一级绵白糖买卖事宜达成如下协议：

　　一、合同标的

　　1. 商品名称：一级绵白糖。

　　2. 商品规格质量：国标一级（按 GB317-2006 标准执行）。

　　3. 包装：外编织袋内衬薄膜袋包装，每袋 50kg。

　　4. 商品数量：伍佰吨（500 吨）。

　　5. 商品单价：5 900 元 / 吨（不含税）。

　　6. 货款总计：人民币叁佰肆拾伍万壹仟伍佰元整（¥3 451 500.00）。

　　二、付款方式

　　托收承付结算方式，由甲方办理托收承付手续，乙方验货后付款。

　　三、运输方式

　　铁路运输，运费由甲方于发货时垫付，后续随货款办理托收承付结算。

　　四、违约责任

　　乙方将按照本合同第一条的约定对甲方的货物进行数量及质量验收，并在合理的时间内完成。如甲方产品不符合本合同约定的数量及标准，乙方有权拒绝收货并拒付托收承付款项。

　　甲方须于收到退货通知后 3 个工作日内派员处理上述不合格产品，甲方须同时提供符合本合同要求的产品给乙方，并承担因此而产生的费用。如因产品质量引起乙方的损失，甲方需承担赔偿责任。

　　甲、乙双方严格履行本合同条款，未经对方同意任何一方不得擅自单方解除本合同。

　　若有一方单方违约，需向守约方支付违约金，违约金按合同价款的 5% 计算。

　　本协议壹式贰份，甲、乙双方各执壹份，本合同在甲、乙双方签字盖章后成立。

甲方（公章）

授权代表：

2015 年 12 月 1 日

乙方（公章）

授权代表：

2015 年 12 月 1 日

原始凭证 5-3

托收凭证（ 受理回单 ）

1

委托日期　2016 年 12 月 2 日

业务类型		委托收款：□起划、□电划			托收承付：□起划、☑电划				
出票人	全　称	沈阳市光明食品公司			收款人	全　称	华糖实业股份有限公司		
	账　号	62284800111000123				账　号	6255581811000770123		
	地　址	辽宁 省沈阳 市县	开户行	农行小北支行		地　址	内蒙古 省呼 市县	开户行	工商银行学苑路支行

金额	人民币（大写）叁佰伍拾万零捌仟壹佰伍拾元整		亿	千	百	十	万	千	百	十	元	角	分
		¥		3	5	0	8	1	5	0	0	0

款项内容	绵白糖	托收凭据名称	增值税专用发票 铁路运输增值税专用发票	附寄单证张数	2

商品发运情况	铁路运输	合同名称号码	0069401

备注：

上列款项已划回收入你方账户内

收款人开户银行签章
年　月　日

复核：　　记账：

（工商银行学苑路支行 结算专用章(5)（呼和浩特市））

原始凭证 5-4

ICBC 中国工商银行　业务回单（ 付款 ）

日期：2016 年 12 月 02 日　　　　回单编号：92839101

付款人户名：华糖实业股份有限公司　　　　　　　　　　　付款人开户行：工商银行学苑路支行
付款人账号（卡号）：6255581811000770123
收款人户名：呼和浩特市铁路局货运中心　　　　　　　　　　收款人开户行：建行铁路支行
收款人账号（卡号）：2100124500113211
金额：伍万陆仟陆佰伍拾元整　　　　　　　　　　　　　　　　小写：¥56 650.00
业务（产品）种类：跨行付款　　　　　凭证种类：00000000　　　凭证号码：0000000000000000000000
摘要：垫付运费　　　　　　　　　　　　用途：付运费　　　　　　币种：人民币
交易机构：0410000298　　　记账柜员：00023　　交易代码：52063　　渠道：其他渠道
附言：

本回单为第 1 次打印，注意重复　　打印日期：2016 年 12 月 02 日　　打印柜员：9　　验证码：4985B3E5006

（工商银行学苑路支行 结算专用章 （呼和浩特市））

原始凭证 5-5

付款申请单

申请部门：供应部　　　　　　　　2016 年 12 月 2 日

收款单位名称	呼和浩特市铁路局货运中心	付款方式	转账
本次付款金额	大写：伍万陆仟陆佰伍拾元整	小写	¥ 56 650.00
收款单位开户行	建行铁路支行	账号	2100124500113211
付款事由	代垫运费	经办人	李志刚

总经理：**李浩东**　　　　　　　部门负责人：**丁力**　　　　　　财务负责人：**刘丽**

原始凭证 5-6

1500143130　　　　内蒙古增值税普通发票　　　　№12510844

发 票 联　　　　开票日期：2016 年 12 月 2 日

税总函（2016）257 号北京印钞有限公司

购买方	名　称：华糖实业股份有限公司 纳税人识别号：150101680041112 地址、电话：呼和浩特市学苑路 88 号 0471-8862578 开户行及账号：工商银行学苑路支行 6255581811000770123	密码区	<77>-6*14695784-1+ +47134377 7<42307-*62738+978*5<-6231/ 78*<5/35146+6275>80-9<<*713 437777/2403/<<67-8*978*3>06

货物或应税劳务、服务名称	规格型号	单位	数量	单价	金额	税率	税额
手续费					47.17	6%	2.83
合　计					¥47.17		¥2.83

价税合计（大写）	⊗伍拾元整	（小写）¥50.00

销售方	名　称：工商银行学苑路支行 纳税人识别号：150114581784524 地址、电话：学苑路 2 号 0471-6987511 开户行及账号：工商银行学苑路支行 611123101445782201	备注

收款人：　　　复核：　　　开票人：**邢丽**　　　销售方：（章）

原始凭证 6-1

华糖实业股份有限公司

材料入库单

仓库：甜菜库　　　入库日期：2016 年 12 月 3 日　　　编号：006326

材料名称	规格型号	单位	数量		实际成本		计划成本	
			发票	实际	单价	金额	单价	金额
甜菜		吨	1 000	1 000	456.00	456 000.00	450.00	450 000.00

记账：　　　　　　保管员：**齐立兴**　　　　　　采购员：**王凯**

原始凭证 7–1

中国工商银行
证券资金存取委托书

证券保证金账号	6652346987321465	银行存款账号	6255581811000770123
转账金额	300 000.00	转账方式	转入

兹委托中国工商银行办理上述证券资金存取业务，经核对银行打印内容正确无误。

客户签字：刘丽

2016 年 12 月 3 日

原始凭证 8–1

ICBC 中国工商银行　业务回单（收款）

日期：2016 年 12 月 03 日　　　　回单编号：92839376

付款人户名：好利来食品公司	付款人开户行：农业银行新建支行
付款人账号（卡号）：3927501984235617	
收款人户名：华糖实业股份有限公司	收款人开户行：工商银行学苑路支行
收款人账号（卡号）：6255581811000770123	
金额：壹拾玖万捌仟陆佰贰拾元整	小写：　¥198 620.00
业务（产品）种类：跨行收款　　凭证种类：00000000	凭证号码：00000000000000000000
摘要：收回货款　　　　　　　用途：货款	币种：人民币
交易机构：0410000298　　记账柜员：00023　交易代码：52094	渠道：其他渠道
附言：	

结算专用章（5）
（呼和浩特）
工商银行学苑路支行

本回单为第 1 次打印，注意重复　　打印日期：2016 年 12 月 03 日　　打印柜员：9　　验证码：4985B3E6125

原始凭证 9-1

华糖实业股份有限公司
费用报销单

部门：行政部　　　　　　　　2016 年 12 月 13 日

报销金额	（大写）壹仟捌佰柒拾贰元整				（小写）¥ 1 872.00
开支内容	办公费				
总经理	现金付讫 财务负责人	部门负责人	实务保管、验收人		经办人
	刘丽	赵亮	李崇伟		齐晓
说明：					

原始凭证 9-2

原始凭证 9-3

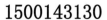

内蒙古增值税专用发票

1500143130

发 票 联

N⦿01513694

开票日期：2016 年 12 月 3 日

	名　称：华糖实业股份有限公司					
购买方	纳税人识别号：150101680041112					密码区
	地址、电话：呼和浩特市学苑路 88 号 0471-8862578					
	开户行及账号：工商银行学苑路支行 6255581811000770123					

密码区：
```
<77>-6*14695784-1+ +47134377
7<42307-*62738+978*5<-6231/
78*<5/35146+6275>80-9<<*713
437777/2403/<<67-8*978*3>06
```

货物或应税劳务、服务名称	规格型号	单位	数量	单价	金额	税率	税额
办公用品					1 600.00	17%	272.00
合　计					￥1 600.00		￥272.00
价税合计（大写）　⊗壹仟捌佰柒拾贰元整					（小写）￥1 872.00		

	名　称：新天地商厦		备注	
销售方	纳税人识别号：150102789000445		150102789000445	
	地址、电话：艺术厅北路 2 号 0471-4500111		发票专用章	
	开户行及账号：中行艺术厅分理处 102254111781			

收款人：　　　复核：　　　开票人：**王芳**　　　销售方：（章）

税总函（2016）257 号北京印钞有限公司

第三联 发票联 购货方记账凭证

原始凭证 9-4

销售货物或者提供劳务清单

购货单位名称：华糖实业股份有限公司

销货单位名称：新天地商厦

所属增值税专用发票代码：1500143130　号码：01513694　　共 1 页 第 1 页

序号	货物或应税劳务名称	规格型号	单位	数量	单价	金额	税率（%）	税金
1	墨盒		个	5	115.00	575.00	17	97.75
2	硒鼓		个	3	265.00	795.00	17	135.15
3	复印纸		箱	10	23.00	230.00	17	39.10
4								
5								
6								
合　计						金额：1 600.00		税额：272.00
价税合计（大写）壹仟捌佰柒拾贰元整			（小写）￥1 872.00					

填开日期：　2016 年 12 月 3 日

原始凭证 10-1

受托代销商品入库单

委托单位：上海太古糖业有限公司　　　2016 年 12 月 4 日

商品名称	规格型号	单位	数量	单价	金额
方糖	一级	箱	5 000	375.00	1 875 000.00
合计			5 000	375.00	1 875 000.00

保管员：王亮

原始凭证 11-1

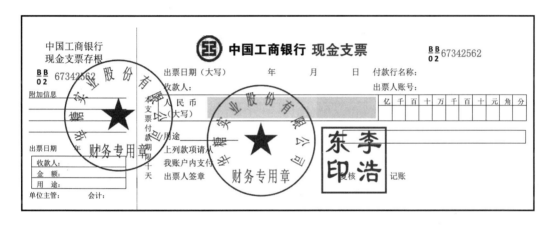

原始凭证 12-1

1500143130

内蒙古增值税普通发票

发票联

No01510712

开票日期：2016 年 12 月 4 日

税总函（2016）257 号北京印钞有限公司

购买方	名　　称：华糖实业股份有限公司 纳税人识别号：150101680041112 地址、电话：呼和浩特市学苑路 88 号　0471-8862578 开户行及账号：工商银行学苑路支行 6255581811000770123	密码区	‹77›-6*14695784-1+ +47134377 7‹42307-*62738+978*5‹-6231/ 78*‹5/35146+6275›80-9‹‹*713 437777/2403/‹‹67-8*978*3›06

货物或应税劳务、服务名称	规格型号	单位	数量	单价	金额	税率	税额
手续费					339.62	6%	20.38
合　计					¥339.62		¥20.38

价税合计（大写）	⊗叁佰陆拾元整	（小写）¥360.00

销售方	名　　称：工商银行学苑路支行 纳税人识别号：150114581784524 地址、电话：学苑路 2 号　0471-6987511 开户行及账号：工商银行学苑路支行 611123101445782201	备注	

第二联　发票联　购货方记账凭证

收款人：　　　　复核：　　　　开票人：　　　　销售方：（章）

原始凭证 12-2

贴现凭证（收账通知）

4

申请日期：2016 年 12 月 4 日   第 325 号

贴现汇票	种类	银行承兑汇票	持票人	全　称	华糖实业股份有限公司											
	出票日	2016 年 8 月 1 日		账号	6255581811000770123											
	到票日	2017 年 2 月 1 日		开户行	工商银行学苑路支行											

汇票承兑人	名称	太子乳业有限公司	账号					开户行		

汇票金额	人 民 币（大写）壹佰万元整	千	百	十	万	千	百	十	元	角	分
		¥	1	0	0	0	0	0	0	0	0

贴现率	3%	贴现利息	佰	十	万	千	百	十	元	角	分	实付贴现金额	千	百	十	万	千	百	十	元	角	分
					¥	4	9	1	6	6	7		¥	9	9	5	0	8	3	3	3	

贴现款项已入你单位账户   备注：

银行盖章
结算专用章（5）
2016 年 12 月 4 日
（呼和浩特市）

原始凭证 13-1

ICBC 中国工商银行　业务回单（付款）

日期：2016 年 12 月 05 日   回单编号：92839232

付款人户名：华糖实业股份有限公司   付款人开户行：工商银行学苑路支行

付款人账号（卡号）：6255581811000770123

收款人户名：中糖股份内蒙古分公司   收款人开户行：建设银行乌兰支行

收款人账号（卡号）：2341234558564356787

金额：贰拾万元整   小写：　　¥200 000.00

业务（产品）种类：跨行付款   凭证种类：00000000   凭证号码：00000000000000000000

摘要：偿还贷款   用途：贷款   币种：人民币

交易机构：0410000298   记账柜员：00023   交易代码：52072   渠道：其他渠道

附言：

结算专用章（5）
（呼和浩特市）

本回单为第 1 次打印，注意重复   打印日期：2016 年 12 月 05 日   打印柜员：9   验证码：4985835017

原始凭证 13-2

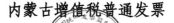

内蒙古增值税普通发票

1500143130

发 票 联

N⍛01510713

开票日期: 2016 年 12 月 5 日

| 购买方 | 名　称: 华糖实业股份有限公司
纳税人识别号: 150101680041112
地址、电话: 呼和浩特市学苑路 88 号　0471-8862578
开户行及账号: 工商银行学苑路支行 6255581811000770123 | 密码区 | <77>-6*14695784-1+ +47134377
7<42307-*62738+978*5<-6231/
78*<5/35146+6275>80-9<<*713
437777/2403/<<67-8*978*3>06 |

货物或应税劳务、服务名称	规格型号	单位	数量	单价	金额	税率	税额
手续费					47.17	6%	2.83
合　计					¥47.17		¥2.83

| 价税合计 (大写) | ⊗伍拾元整 | | (小写) ¥50.00 |

| 销售方 | 名　称: 工商银行学苑路支行
纳税人识别号: 150114581784524
地址、电话: 学苑路 2 号　0471-6987511
开户行及账号: 工商银行学苑路支行　611123101445782201 | 备注 | |

收款人:　　　　复核:　　　　开票人:　　　　销售方: (章)

第二联 发票联 购货方记账凭证

原始凭证 14-1

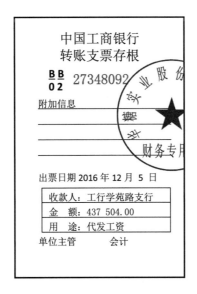

中国工商银行
转账支票存根

BB
02　27348092

附加信息

出票日期 2016 年 12 月 5 日

收款人:	工行学苑路支行
金　额:	437 504.00
用　途:	代发工资

单位主管　　会计

原始凭证 14-2

工资发放汇总表

2016 年 11 月

单位：元

部门	人数（人）	基本工资	岗位工资	绩效工资	病事假扣款	应付工资	代扣款项							实发工资
							养老保险	医疗保险	失业保险	住房公积金	个人所得税	合计	
制糖车间	36	39 300	28 000	81 160	460	148 000	12 096	3 024	1 512	18 144	2 695	37 471	110 529
颗粒粕车间	12	15 200	10 800	25 150	150	51 000	4 032	1 008	504	6 048	1 065	12 657	38 343
酒精车间	10	11 000	9 200	22 800		43 000	3 360	840	420	5 040	160	9 820	33 180
供热车间	9	9 300	7 800	20 900		38 000	3 024	756	378	4 536	120	8 814	29 186
供电车间	8	8 100	6 300	21 600	600	36 000	2 688	672	336	4 032	100	7 828	28 172
管理部门	30	38 150	33 830	85 420		156 800	10 080	2 520	1 260	15 120	7 806	36 786	120 014
销售部	15	26 100	28 300	40 800		95 200	5 040	1 260	630	7 560	2 630	17 120	78 080
合 计	120	147 150	124 230	297 830	1 210	568 000	40 320	10 080	5 040	60 480	14 576	130 496	437 504

原始凭证 15-1

差旅费报销单

部门： 销售部　　　　　　　　　　　　　　　　2016 年 12 月 6 日

出差人					李志刚			出差事由		联系业务	
出　发			到　达			交通工具	交通费	出差补贴		其　他　费　用	
月	日	地点	月	日	地点			天数	金额	项　目	
11	30	呼和浩特	12	1	南宁	火车	597.00	6	1 200	市内车费	
12	4	南宁	12	5	呼和	火车	597.00			住 宿 费	800.00
										邮 电 费	
										办公用品费	
										其　他	
合　计（小写）							¥3 242.00			增值税	48.00
报销总额	人民币（大写）叁仟贰佰肆拾贰元整					预借旅费	¥3 000.00			补领金额	¥242.00
										退还金额	¥

附件 3 张

财务主管：**刘丽**　　　部门负责人：**丁力**　　　出纳：**王芳**　　　领款人：**李志刚**

原始凭证 15-2

原始凭证 15-3

原始凭证 15-4

4501943121 广西增值税专用发票 **No 04581265**

抵扣联

开票日期：2016 年 12 月 4 日

| 购买方 | 名称：华糖实业股份有限公司 纳税人识别号：150101680041112 地址、电话：呼和浩特市学苑路 88 号 0471-8862578 开户行及账号：工商银行学苑路支行 6255581811000770123 | | 密码区 | <77>-6*14695784-1+ +47134377 7<42307-*62738+978*5<-6231/ 78*<5/35146+6275>80-9<<*713 437777/2403/<<67-8*978*3>06 | |

货物或应税劳务、服务名称	规格型号	单位	数量	单价	金额	税率	税额
住宿费		天	4	200.00	800.00	6%	48.00
合　计					¥800.00		¥48.00

价税合计（大写）　⊗捌百肆拾捌元整　　　　　（小写）¥848.00

| 销售方 | 名称：广西南宁泽园大酒店 纳税人识别号：450100960011789 地址、电话：南宁市西津路 24 号 0771-235421 开户行及账号：工行光明路支行 612355111001112 | | 备注 | 450100960011789 发票专用章 |

收款人：　　　　复核：　　　　开票人：乌芳　　　　销售方：（章）

税总函（2016）257 号北京印钞有限公司

第二联　抵扣联　购货方扣税凭证

原始凭证 15-5

4501943121 广西增值税专用发票 **No 04581265**

发票联

开票日期：2016 年 12 月 4 日

| 购买方 | 名称：华糖实业股份有限公司 纳税人识别号：150101680041112 地址、电话：呼和浩特市学苑路 88 号 0471-8862578 开户行及账号：工商银行学苑路支行 6255581811000770123 | | 密码区 | <77>-6*14695784-1+ +47134377 7<42307-*62738+978*5<-6231/ 78*<5/35146+6275>80-9<<*713 437777/2403/<<67-8*978*3>06 | |

货物或应税劳务、服务名称	规格型号	单位	数量	单价	金额	税率	税额
住宿费		天	4	200.00	800.00	6%	48.00
合　计					¥800.00		¥48.00

价税合计（大写）　⊗捌百肆拾捌元整　　　　　（小写）¥848.00

| 销售方 | 名称：广西南宁泽园大酒店 纳税人识别号：450100960011789 地址、电话：南宁市西津路 24 号 0771-235421 开户行及账号：工行光明路支行 612355111001112 | | 备注 | 450100960011789 发票专用章 |

收款人：　　　　复核：　　　　开票人：　　　　销售方：（章）

税总函（2016）257 号北京印钞有限公司

第三联　发票联　购货方记账凭证

原始凭证 16–1

1500143130

内蒙古增值税专用发票

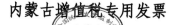

抵 扣 联

N♀01510161

开票日期：2016 年 12 月 6 日

购买方	名　称：华糖实业股份有限公司 纳税人识别号：150101680041112 地址、电话：呼和浩特市学苑路 88 号　0471-8862578 开户行及账号：工商银行学苑路支行 6255581811000770123	密码区	⟨77⟩-6*14695784-1+ +47134377 7⟨42307-*62738+978*5⟨-6231/ 78*⟨5/35146+6275⟩80-9⟨⟨*713 437777/2403/⟨⟨67-8*978*3⟩06

货物或应税劳务、服务名称	规格型号	单位	数量	单价	金额	税率	税额
房屋租赁费					135 135.14	11%	14 864.86
合　计					¥135 135.14		¥14 864.86

价税合计（大写）	⊗壹拾伍万元整	（小写）¥150 000.00

销售方	名　称：内蒙古金宇置业有限公司 纳税人识别号：152973875634593 地址、电话：呼和浩特市锡林南路 106 号　0471-5698576 开户行及账号：工商银行锡林南路支行　5756262738354940059	备注	房产地址：呼和浩特市呼伦贝尔路 184 号

收款人：　　　　复核：　　　　开票人：雷念　　　　销售方：（章）

税总函（2016）257 号北京印钞有限公司

第二联　抵扣联　购货方扣税凭证

原始凭证 16–2

1500143130

内蒙古增值税专用发票

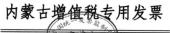

发 票 联

N♀01510161

开票日期：2016 年 12 月 6 日

购买方	名　称：华糖实业股份有限公司 纳税人识别号：150101680041112 地址、电话：呼和浩特市学苑路 88 号　0471-8862578 开户行及账号：工商银行学苑路支行 6255581811000770123	密码区	⟨77⟩-6*14695784-1+ +47134377 7⟨42307-*62738+978*5⟨-6231/ 78*⟨5/35146+6275⟩80-9⟨⟨*713 437777/2403/⟨⟨67-8*978*3⟩06

货物或应税劳务、服务名称	规格型号	单位	数量	单价	金额	税率	税额
房屋租赁费					135 135.14	11%	14 864.86
合　计					¥135 135.14		¥14 864.86

价税合计（大写）	⊗壹拾伍万元整	（小写）¥150 000.00

销售方	名　称：内蒙古金宇置业有限公司 纳税人识别号：152973875634593 地址、电话：呼和浩特市锡林南路 106 号　0471-5698576 开户行及账号：工商银行锡林南路支行　5756262738354940059	备注	房产地址：呼和浩特市呼伦贝尔路 184 号

收款人：　　　　复核：　　　　开票人：雷念　　　　销售方：（章）

税总函（2016）257 号北京印钞有限公司

第二联　发票联　购货方记账凭证

原始凭证 16-3

收款收据   NO: 0012429

2016 年 12 月 6 日

今收到	华糖实业股份有限公司	
交　来	租用房屋押金	
人民币	肆仟元整	￥4000.00

第三联　客户

收款单位：呼和浩特金宇置业　　收款人：张立军　　交款人：李雪健

原始凭证 16-4

中国工商银行　电汇凭证（回　单）　1

委托日期　2016 年 12 月 6 日

出票人	全　称	华糖实业股份有限公司	收款人	全　称	内蒙古金宇置业有限公司
	账　号	6255581811000770123		账　号	5756262738384940059
	汇出地点	内蒙古 省 呼和浩特 市 县		汇入地点	内蒙古 省 呼和浩特 市 县
	汇出行名称	工商银行学苑路支行		汇入行名称	工商银行锡林南路支行

金额	人民币 （大写）壹拾伍万肆仟元整		亿	千	百	十	万	千	百	十	元	角	分
				￥	1	5	4	0	0	0	0	0

支付密码

纳税和信息及用途：房屋租赁费及押金
（呼和浩特市）

汇出行签章　　　　　　　　复核：　　记账：

此联是汇出行给汇款人的回单

原始凭证 16-5

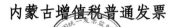

内蒙古增值税普通发票

1500143130

发 票 联

N⦿01510164

开票日期：2016 年 12 月 6 日

购买方	名　　称：华糖实业股份有限公司 纳税人识别号：150101680041112 地址、电话：呼和浩特市学苑路 88 号　0471-8862578 开户行及账号：工商银行学苑路支行 6255581811000770123	密码区	<77>-6*14695784-1+ +47134377 7<42307-*62738+978*5<-6231/ 78*<5/35146+6275>80-9<*713 437777/2403/<<67-8*978*3>06

货物或应税劳务、服务名称	规格型号	单位	数量	单价	金额	税率	税额
手续费					14.15	6%	0.85
合　计					¥14.15		¥0.85

价税合计（大写）	⊗壹拾伍元整　　　　　（小写）¥15.00

销售方	名　　称：工商银行学苑路支行 纳税人识别号：150114581784524 地址、电话：学苑路 2 号　0471-6987511 开户行及账号：工商银行学苑路支行　611123101445782201	备注	

收款人：　　　　　复核：　　　　　开票人：　　　　　销售方：（章）

税总函（2016）257 号北京印钞有限公司

第二联　发票联　购货方记账凭证

原始凭证 16-6

华糖实业股份有限公司
费用报销单

部门：销售部　　　　　　　　2016 年 12 月 6 日

报销金额	（大写）壹拾伍万元整		（小写）¥150 000.00		
开支内容	经营场地租金				
总经理	李浩东	财务负责人	部门负责人	实务保管、验收人	经办人
		刘丽	刘宏生	高云	贾宇

说明：销售部开拓市场租用。租期为 2016 年 12 月 1 日至 2018 年 11 月 30 日

原始凭证 16-7

长期待摊费用摊销表

2016 年 12 月 6 日

名　称	租期	摊销总额	月摊销额	已摊销额
销售部房租	2 年	135 135.14	5 630.00	0

原始凭证 17-1

国泰君安证券交割单 [证券买入]

资金账号：8889013001099142　　　客户名称：华糖实业股份有限公司
证券代码：000638　　　　　　　　证券名称：圣牧高科
客户代码：1105　　　　　　　　　成交价格：12.60
股东账户：0089852150　　　　　　成交数量：50 000
佣金：204.00　　　　　　　　　　成交金额：630 000
印花税：0.00　　　　　　　　　　其他费用：0.00
过户费：0.00　　　　　　　　　　收付金额：-630 204.00
上次库存：0　　　　　　　　　　　证券余额：50 000
上次余额：1 314 000.00　　　　　　资金余额：683 796.00
成交日期：2016 年 12 月 6 日　　　成交时间：11：12：30
【000638】　　【圣牧高科股份】　　【50000】　　【630000】

原始凭证 18-1

付款申请单

申请部门：供应部　　　　　　　　2016 年 12 月 7 日

收款单位名称	鑫源劳务公司	付款方式	现金
本次付款金额	大写：贰仟壹佰零陆元整	小写	￥：2 106.00
收款单位开户行		账号	
付款事由	付甜菜整理挑选劳务费	经办人	王凯

总经理：李浩东　　　　　　部门负责人：王亮　　　　　　财务负责人：刘丽

原始凭证 18-2

1500143130	内蒙古增值税普通发票				No01512863	
	发票联				开票日期：2016 年 12 月 6 日	

税总函（2016）257 号北京印钞有限公司

购买方	名　　称：华糖实业股份有限公司	密码区	<77>-6*14695784-1+ +47134377 7<42307-*62738+978*5<-6231/ 78*<5/35146+6275>80-9<<*713 437777/2403/<<67-8*978*3>06
	纳税人识别号：150101680041112		
	地址、电话：呼和浩特市学苑路 88 号 0471-8862578		
	开户行及账号：工商银行学苑路支行 6255581811000770123		

货物或应税劳务、服务名称	规格型号	单位	数量	单价	金额	税率	税额
劳务					1 983.79	6%	119.21
合　计					¥1 983.79		¥119.21

价税合计（大写）	⊗贰仟壹佰零陆元整	（小写）¥2 100.00

销售方	名　　称：鑫源劳务公司	备注
	纳税人识别号：150102789000356	
	地址、电话：昭君路 15 号 0471-6584521	
	开户行及账号：建行昭君路营业部 123654441100023	

150102789000356
发票专用章

收款人：　　　　复核：　　　　开票人：赵丽　　　　销售方：（章）

第二联 发票联 购货方记账凭证

原始凭证 18-3

华糖实业股份有限公司
材料入库单

仓库：甜菜库　　　　入库日期：2016 年 12 月 6 日　　　　编号：006327

材料名称	规格型号	单位	数量		实际成本		计划成本	
			发票	实际	单价	金额	单价	金额
甜菜		吨	15 000	14 997				

记账　　　　　　保管员：齐立兴　　　　　　采购员：王凯

原始凭证 19-1

付款申请单

申请部门：供应部　　　　　　　　　2016 年 12 月 7 日

收款单位名称	南源包装制品公司	付款方式	转账
本次付款金额	大写：伍万伍仟叁佰元整	小写	￥：55 300.00
收款单位开户行	工行呼和浩特分行营业部	账号	6255581811000115679
付款事由	购买白糖包装袋、滤布（已预付定金 5 万元）	经办人	王凯

总经理：李浩东　　　　　　部门负责人：王亮　　　　　　财务负责人：刘丽

原始凭证 19-2

1500143130

内蒙古增值税专用发票

No 02520858

抵 扣 联

开票日期：2016 年 12 月 7 日

购买方	名　　称：华糖实业股份有限公司 纳税人识别号：150101680041112 地址、电话：呼和浩特市学苑路 88 号　0471-8862578 开户行及账号：工商银行学苑路支行 6255581811000770123	密码区	〈77〉-6*14695784-1+ +47134377 7〈42307-*62738+978*5〈-6231/ 78*〈5/35146+6275〉80-9〈〈*713 437777/2403/〈〈67-8*978*3〉06

货物或应税劳务、服务名称	规格型号	单位	数量	单价	金额	税率	税额
包装袋	食品级	包	400	180.00	72 000.00	17%	12 240.00
化纤袋		包	225	66.00	14 850.00	17%	2 524.50
滤布		条	100	31.50	3 150.00	17%	535.50
合　计					￥90 000.00		￥15 300.00

价税合计（大写）	⊗壹拾万零伍仟叁佰元整	（小写）￥105 300.00

销售方	名　　称：南源包装制品公司 纳税人识别号：150101100232245 地址、电话：呼和浩特市南茶坊路 16 号　0471-8652340 开户行及账号：工行呼和浩特分行营业部 6255581811000115679

收款人：　　　　　复核：　　　　　开票人：刘春　　　　　销售方：（章）

税总函（2016）257 号北京印钞有限公司

第二联　抵扣联　购货方扣税凭证

101

原始凭证 19-3

内蒙古增值税专用发票

1500143130

发票联

N<u>o</u>02520858

开票日期：2016 年 12 月 7 日

购买方	名　　　称：华糖实业股份有限公司
	纳税人识别号：150101680041112
	地址、电话：呼和浩特市学苑路 88 号　0471-8862578
	开户行及账号：工商银行学苑路支行 6255581811000770123

密码区

〈77〉-6*14695784-1+ +47134377
7〈42307-*62738+978*5〈-6231/
78*〈5/35146+6275〉80-9〈〈*713
437777/2403/〈〈67-8*978*3〉06

第三联　发票联　购货方记账凭证

货物或应税劳务、服务名称	规格型号	单位	数量	单价	金额	税率	税额
包装袋	食品级	包	400	180.00	72 000.00	17%	12 240.00
化纤袋		包	225	66.00	14 850.00	17%	2 524.50
滤布		条	100	31.50	3 150.00	17%	535.50
合　计					¥90 000.00		¥15 300.00

价税合计（大写）	⊗壹拾万零伍仟叁佰元整	（小写）¥105 300.00

销售方	名　　　称：南源包装制品公司
	纳税人识别号：150101100232245
	地址、电话：呼和浩特市南茶坊路 16 号　0471-8652340
	开户行及账号：工行呼和浩特分行营业部 625558181100011567

（盖章）150101100232245 发票专用章

收款人：　　　　复核：　　　　开票人：刘春　　　　销售方：（章）

原始凭证 19-4

ICBC 🀄 中国工商银行　业务回单（付款）

日期：2016 年 12 月 07 日　　　　回单编号：92839987

付款人户名：华糖实业股份有限公司　　　　　　　　　　付款人开户行：工商银行学苑路支行

付款人账号（卡号）：6255581811000770123

收款人户名：南源包装制品公司　　　　　　　　　　　　收款人开户行：工行呼和浩特分行营业部

收款人账号（卡号）：110007609048708091312

金额：伍万伍仟叁佰元整　　　　　　　　　　　　　　　小写：　　¥55 300.00

业务（产品）种类：同行付款　　　凭证种类：00000000　　凭证号码：0000000000000000000

摘要：付货款　　　　用途：贷款　　　　　　　　　　　　币种：人民币

交易机构：0410000298　　记账柜员：00023　　交易代码：52063　　渠道：其他渠道

结算专用章（5）（呼和浩特市）

附言：

本回单为第 1 次打印，注意重复　　打印日期：2016 年 12 月 07 日　　打印柜员：9　　验证码：4985B255104

原始凭证 19-5

华糖实业股份有限公司
材料入库单

仓库：周转材料库　　　　　入库日期：2016 年 12 月 7 日　　　　　编号：006328

材料名称	规格型号	单位	数量		实际成本		计划成本	
			发票	实际	单价	金额	单价	金额
包装袋	食品级	包	400	400				
化纤袋		包	225	225				
滤布		条	100	100				
合　计								

记账：　　　　　　　保管员：齐立兴　　　　　　　采购员：王凯

原始凭证 20-1

领　料　单

NO.7325501

领料部门：工程部
用　　途：建造厂房　　　　　2016 年 12 月 7 日

编号	品名	规格型号	单位	数量		计划价格		实际价格	
				请领	实发	单价	总价	单价	总价
501	水泥		吨	50	50			320.00	16 000.00
合　　计									

发料：齐立兴　　　　　　　　　　　　　　　　　领料：李强

原始凭证 21-1

ICBC 中国工商银行　业务回单（收款）

日期：2016 年 12 月 08 日　　　　　回单编号：92839022

付款人户名：呼和浩特市果卡食品有限责任公司　　　　　付款人开户行：工商银行大学路分理处

付款人账号（卡号）：6255581811000663214

收款人户名：华糖实业股份有限公司　　　　　收款人开户行：工商银行学苑路支行

收款人账号（卡号）：6255581811000770123

金额：壹佰柒拾伍万伍仟元整　　　　　　　小写：￥1 755 000.00

业务（产品）种类：同行付款　　　凭证种类：00000000　　　凭证号码：00000000000000000000

摘要：付货款　　　　　　用途：贷款　　　　　　　　币种：人民币

交易机构：0410000298　　　记账柜员：00023　　　交易代码：52063　　　渠道：其他渠道

附言：

本回单为第 1 次打印，注意重复　　打印日期：2016 年 12 月 08 日　　打印柜员：9　　验证码：4985B3E5006

原始凭证 21-2

内蒙古增值税专用发票

1500143130

记 账 联

N<u>o</u>01510776

开票日期: 2016 年 12 月 8 日

税总函（2016）257 号北京印钞有限公司 · 第一联 · 记账联 · 销货方记账凭证

购买方	名 称: 呼和浩特市果卡食品有限责任公司							
	纳税人识别号: 150102654111001							
	地址、电话: 大学路 28 号 0471-6528500							
	开户行及账号: 工商银行大学路分理处 6255581811000663214							

密码区: <77>-6*14695784-1+ +47134377 7<42307-*62738+978*5<-6231/ 78*<5/35146+6275>80-9<*713 437777/2403/<<67-8*978*3>06

货物或应税劳务、服务名称	规格型号	单位	数量	单价	金额	税率	税额
方糖		箱	4 000	375.00	1 500 000.00	17%	255 000.00
合 计					¥1 500 000.00		¥255 000.00

价税合计（大写）	⊗壹佰柒拾伍万伍仟元整	（小写）¥1 755 000.00

销售方	名 称: 华糖实业股份有限公司	备注	150101680041112 发票专用章
	纳税人识别号: 150101680041112		
	地址、电话: 呼和浩特市学苑路 88 号 0471-8862578		
	开户行及账号: 工商银行学苑路支行 6255581811000770123		

收款人: 复核: 开票人: 李志刚 销售方: （章）

原始凭证 21-3

内蒙古增值税专用发票

1500143130

记 账 联

N<u>o</u>01510777

开票日期: 2016 年 12 月 8 日

税总函（2016）257 号北京印钞有限公司 · 第一联 · 记账联 · 销货方记账凭证

购买方	名 称: 上海太古糖业有限公司							
	纳税人识别号: 310101321441103							
	地址、电话: 上海市黄浦区中兴路 68 号 021-88641100							
	开户行及账号: 中国银行黄埔支行 3210010100111981133							

密码区: <77>-6*14695784-1+ +47134377 7<42307-*62738+978*5<-6231/ 78*<5/35146+6275>80-9<*713 437777/2403/<<67-8*978*3>06

货物或应税劳务、服务名称	规格型号	单位	数量	单价	金额	税率	税额
代销手续费					150 000.00	6%	9 000.00
合 计					¥150 000.00		¥9 000.00

价税合计（大写）	⊗壹拾伍万玖仟元整	（小写）¥159 000.00

销售方	名 称: 华糖实业股份有限公司	备注	150101680041112 发票专用章
	纳税人识别号: 150101680041112		
	地址、电话: 呼和浩特市学苑路 88 号 0471-8862578		
	开户行及账号: 工商银行学苑路支行 6255581811000770123		

收款人: 复核: 开票人: 李志刚 销售方: （章）

原始凭证 21-4

代销清单

2016 年 12 月 8 日

名称	单位	代销数量	实销数量	销售单价	金额	税额	代销手续费
方糖	箱	5 000	4 000	375.00	1 500 000.00	255 000.00	150 000.00
合计		5 000	4 000	375.00	1 500 000.00	255 000.00	150 000.00

原始凭证 21-5

委托代销协议

委托方（以下称甲方）：上海太古糖业有限公司
受托方（以下称乙方）：华糖实业股份有限公司

一、合同标的

1. 商品名称：方糖。

2. 商品规格质量：国标一级（按 GB317-2006 标准执行）。

3. 包装：纸箱。

4. 商品数量：五千箱（5 000 箱）。

5. 商品单价：375 元 / 箱（不含税价）

6. 货款总计：人民币壹佰捌拾柒万五千元整（¥1 875 000.00）。

二、付款方式

电汇结算方式，由乙方于收到甲方开来增值税抵扣发票后付款。

三、委托销售形式

采用收取代销手续费方式，手续费收取比例为不含税货款的 10%。售价由甲方在发货时确定，乙方不得随意调整售价。运费由甲方负责。

本协议壹式贰份，甲、乙双方各执壹份，本合同在甲、乙双方签字盖章后成立。

甲方（公章）
授权代表：
2016 年 12 月 2 日

乙方（公章）
授权代表：
2016 年 12 月 2 日

原始凭证 22-1

华糖实业股份有限公司
费用报销单

部门：行政部   2016 年 12 月 8 日

报销金额	（大写）贰万陆仟伍佰元整		（小写）¥ 26 500.00	
开支内容	电话费			
总经理	财务负责人	部门负责人	实务保管、验收人	经办人
	刘丽	赵亮		孙杨
说明：				

原始凭证 22-2

中国工商银行
转账支票存根

BB 02 27348093

附加信息

出票日期 2016 年 12 月 8 日

收款人：电信内蒙古分公司
金　额：¥26 500.00
用　途：电话费

单位主管　　　会计

原始凭证 22-3

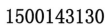

内蒙古增值税专用发票

1500143130

抵 扣 联

N⍛01513254

开票日期：2016 年 12 月 8 日

<table>
<tr><td rowspan="4">购买方</td><td>名　　　称：华糖实业股份有限公司</td><td rowspan="4">密码区</td><td rowspan="4"><77>-6*14695784-1+ +47134377
7<42307-*62738+978*5<-6231/
78*<5/35146+6275>80-9<*713
437777/2403/<<67-8*978*3>06</td></tr>
<tr><td>纳税人识别号：150101680041112</td></tr>
<tr><td>地址、电话：呼和浩特市学苑路 88 号 0471-8862578</td></tr>
<tr><td>开户行及账号：工商银行学苑路支行 6255581811000770123</td></tr>
</table>

货物或应税劳务、服务名称	规格型号	单位	数量	单价	金额	税率	税额
电话费					23 873.87	11%	2 626.13
合　　计					￥23 873.87		￥2 626.13

价税合计（大写）	⊗贰万陆仟伍佰元整	（小写）￥26 500.00

<table>
<tr><td rowspan="4">销售方</td><td>名　　　称：中国电信集团内蒙古分公司</td><td rowspan="4">备注</td><td rowspan="4">（发票专用章）
150102789100125</td></tr>
<tr><td>纳税人识别号：150102789100125</td></tr>
<tr><td>地址、电话：云中路 78 号 0471-6978500</td></tr>
<tr><td>开户行及账号：工行云中路分理处 6214512200000145112</td></tr>
</table>

收款人：　　　复核：　　　开票人：张志强　　　销售方：（章）

税总函（2016）257 号北京印钞有限公司

第二联 抵扣联 购货方扣税凭证

原始凭证 22-4

内蒙古增值税专用发票

1500143130

发 票 联

N⍛01513254

开票日期：2016 年 12 月 8 日

<table>
<tr><td rowspan="4">购买方</td><td>名　　　称：华糖实业股份有限公司</td><td rowspan="4">密码区</td><td rowspan="4"><77>-6*14695784-1+ +47134377
7<42307-*62738+978*5<-6231/
78*<5/35146+6275>80-9<<*713
437777/2403/<<67-8*978*3>06</td></tr>
<tr><td>纳税人识别号：150101680041112</td></tr>
<tr><td>地址、电话：呼和浩特市学苑路 88 号 0471-8862578</td></tr>
<tr><td>开户行及账号：工商银行学苑路支行 6255581811000770123</td></tr>
</table>

货物或应税劳务、服务名称	规格型号	单位	数量	单价	金额	税率	税额
电话费					23 873.87	11%	2 626.13
合　　计					￥23 873.87		￥2 626.13

价税合计（大写）	⊗贰万陆仟伍佰元整	（小写）￥26 500.00

<table>
<tr><td rowspan="4">销售方</td><td>名　　　称：中国电信集团内蒙古分公司</td><td rowspan="4">备注</td><td rowspan="4">（发票专用章）
150102789100125</td></tr>
<tr><td>纳税人识别号：150102789100125</td></tr>
<tr><td>地址、电话：云中路 78 号 0471-6978500</td></tr>
<tr><td>开户行及账号：工行云中路分理处 6214512200000145112</td></tr>
</table>

收款人：　　　复核：　　　开票人：张志强　　　销售方：（章）

税总函（2016）257 号北京印钞有限公司

第三联 发票联 购货方记账凭证

原始凭证 22-5

电话费分配表

2016 年 12 月

部　门	金　额
制糖车间	2 100.00
颗粒粕车间	820.00
酒精车间	680.00
供热车间	450.00
供电车间	300.00
管理部门	8 523.87
销售部门	11 000.00
合　计	23 873.87

原始凭证 23-1

华糖实业股份有限公司
费用报销单

部门：销售部　　　　　　　　2016 年 12 月 9 日

报销金额	（大写）壹拾万元整　　　　　　　（小写）¥ 100 000.00				
开支内容	广告费				
总经理		财务负责人	部门负责人	实务保管、验收人	经办人
		刘丽	丁力		徐莉
说明：					

原始凭证 23-2

ICBC 图 中国工商银行 业务回单（付款）

日期：2016 年 12 月 09 日　　　　　回单编号：92838182

付款人户名：华糖实业股份有限公司　　　　　　　　　　　付款人开户行：工商银行学苑路支行

付款人账号（卡号）：6255581811000770123

收款人户名：绿野广告公司　　　　　　　　　　　　　　　收款人开户行：建行滨江路支行

收款人账号（卡号）：301110224566785114

金额：壹拾万元整　　　　　　　　　　　　　　　　　　　小写：　　　¥100 000.00

业务（产品）种类：跨行付款　　　　凭证种类：00000000　　凭证号码：00000000000000000000

摘要：广告费　　　　　　　　　　用途：广告费　　　　　　币种：人民币

交易机构：0410000298　　　　记账柜员：00023　交易代码：52063　　渠道：其他渠道

附言：

本回单为第 1 次打印，注意重复　　打印日期：2016 年 12 月 09 日　　打印柜员：9　　验证码：4985B3E5006

原始凭证 23-3

内蒙古增值税专用发票

1500143130　　　　　　　　　　**抵 扣 联**　　　　　　　　№01525637

开票日期：2016 年 12 月 9 日

税总函（2016）257 号北京印钞有限公司

购买方	名　称：华糖实业股份有限公司					密码区	<77>-6*14695784-1+ +47134377 7<42307-*62738+978*5<-6231/ 78*5/35146+6275>80-9<<*713 437777/2403/<<67-8*978*3>06		
	纳税人识别号：150101680041112								
	地址、电话：呼和浩特市学苑路 88 号 0471-8862578								
	开户行及账号：工商银行学苑路支行 6255581811000770123								
货物或应税劳务、服务名称	规格型号	单位	数量	单价	金额		税率	税额	
广告费					94 339.62		6%	5 660.38	
合　计					¥94 339.62			¥5 660.38	
价税合计（大写）	⊗壹拾万元整				（小写）¥100 000.00				
销售方	名　称：绿野广告公司					备注	150102796321145 发票专用章		
	纳税人识别号：150102796321145								
	地址、电话：滨江路 58 号 0471-8260035								
	开户行及账号：建行滨江路支行 301110224566785114								

收款人：　　　复核：　　　开票人：乔治　　　销售方：（章）

第二联　抵扣联　购货方扣税凭证

原始凭证 23-4

内蒙古增值税专用发票

1500143130

Nº01525637

发票联

开票日期：2016 年 12 月 9 日

税总函（2016）257 号北京印钞有限公司

购买方	名　　称：华糖实业股份有限公司 纳税人识别号：150101680041112 地址、电话：呼和浩特市学苑路 88 号　0471-8862578 开户行及账号：工商银行学苑路支行 6255581811000770123	密码区	<77>-6*14695784-1+ +47134377 7<42307-*62738+978*5<-6231/ 78<5/35146+6275>80-9<<*713 437777/2403/<<67-8*978*3>06

货物或应税劳务、服务名称	规格型号	单位	数量	单价	金额	税率	税额
广告费					94 339.62	6%	5 660.38
合　计					¥94 339.62		¥5 660.38

价税合计（大写）	⊗壹拾万元整	（小写）¥100 000.00

销售方	名　　称：绿野广告公司 纳税人识别号：150102796321145 地址、电话：滨江路 58 号　0471-8260035 开户行及账号：建行滨江路支行 3011102245667855114	备注	150102796321145 发票专用章

收款人：　　　　复核：　　　　开票人：乔治　　　　销售方：（章）

第三联 发票联 购货方记账凭证

原始凭证 24-1

华糖实业股份有限公司
费用报销单

部门：制造部　　　　　　2016 年 12 月 9 日

报销金额	（大写）贰万壹仟元整		（小写）¥21 000.00	
开支内容	修理费			
总经理	财务负责人	部门负责人	实务保管、验收人	经办人
	刘丽	丁伟		王军
说明：				

原始凭证 24–2

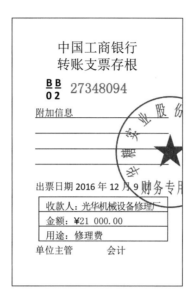

中国工商银行
转账支票存根

BB 02 27348094

附加信息
_____
_____
_____

出票日期 2016 年 12 月 9 财务专用

| 收款人：光华机械设备修理厂 |
| 金额：¥21 000.00 |
| 用途：修理费 |

单位主管　　　会计

原始凭证 24–3

内蒙古增值税专用发票

1500143130

抵扣联

№01529654

开票日期：2016 年 12 月 9 日

税总函（2016）257 号北京印钞有限公司

购买方	名　　称：华糖实业股份有限公司 纳税人识别号：150101680041112 地址、电话：呼和浩特市学苑路 88 号　0471-8862578 开户行及账号：工商银行学苑路支行 6255581811000770123	密码区	<77>-6*14695784-1+ +47134377 7<42307-*62738+978*5<-6231/ 78*<5/35146+6275>80-9<<*713 437777/2403/<<67-8*978*3>06

货物或应税劳务、服务名称	规格型号	单位	数量	单价	金额	税率	税额
修理费					17 948.72	17%	3 051.28
合　计					¥17 948.72		¥3 051.28

价税合计（大写）	⊗贰万壹仟元整	（小写）¥21 000.00

销售方	名　　称：呼和浩特市光华机械设备修理厂 纳税人识别号：150103789032112 地址、电话：大兴路 15 号　0471-8651120 开户行及账号：工行大兴路支行 6255581811000789114	备注	

收款人：　　　　　复核：　　　　　开票人：张正鹏

第二联　抵扣联　购货方扣税凭证

原始凭证 24-4

内蒙古增值税专用发票

1500143130

发票联

No 01529654

开票日期：2016 年 12 月 9 日

						税总函（2016）257 号北京印钞有限公司

购买方
名　称：华糖实业股份有限公司
纳税人识别号：150101680041112
地址、电话：呼和浩特市学苑路 88 号　0471-8862578
开户行及账号：工商银行学苑路支行 6255581811000770123

密码区
〈77〉-6*14695784-1+ +47134377
7〈42307-*62738+978*5〈-6231/
78*〈5/35146+6275〉80-9〈*713
437777/2403/〈〈67-8*978*3〉06

第三联　发票联　购货方记账凭证

货物或应税劳务、服务名称	规格型号	单位	数量	单价	金额	税率	税额
修理费					17 948.72	17%	3 051.28
合　计					￥ 17 948.72		￥ 3 051.28

价税合计（大写）　⊗贰万壹仟元整　（小写）￥21 000.00

销售方
名　称：呼和浩特市光华机械设备修理厂
纳税人识别号：150103789032112
地址、电话：大兴路 15 号　0471-8651120
开户行及账号：工行大兴路支行 6255581811000789114

备注

150103789032112
发票专用章

收款人：　　　复核：　　　开票人：张正鹏　　　销售方：（章）

原始凭证 25-1

中国工商银行电子缴税付款凭证

缴税日期：2016 年 12 月 10 日　　　　凭证字号：2016072188182991

纳税人全称及纳税人识别号：华糖实业股份有限公司　150101680041112
付款人全称：　华糖实业股份有限公司
付款人账号：6255581811000770123　　　征收机关名称：呼市国税局直属一分局
付款人开户行：工商银行学苑路支行　　　收款国库（银行）名称：国家金库新城区支库
小写（合计）金额：168 000.00 元　　　缴款书交易流水号：00009120
大写（合计）金额：壹拾陆万捌仟元整　　　税票号码：320160720000205818
税（费）种名称：　　　所属日期：　　　　实缴金额：（单位：元）
增值税：　　　20161101-20161131　　　　168 000.00

工商银行学苑路支行
结算专用章（5）
（呼和浩特市）

第一次打印　　　　　　　　　打印时间：2016 年 12 月 10 日

客户回单联　　　验证码：F52A1AC09003　　　复核：　　　记账：

原始凭证 25-2

 中国工商银行电子缴税付款凭证

缴税日期：2016 年 12 月 10 日　　　　　　　　凭证字号：2016072188182864

纳税人全称及纳税人识别号：　华糖实业股份有限公司　150101680041112	
付款人全称：　　华糖实业股份有限公司	
付款人账号：　6255581811000770123	征收机关名称：　呼市地税局直属二分局
付款人开户行：工商银行学苑路支行	收款国库（银行）名称：国家金库新城区支库
小写（合计）金额：50 354.00 元	缴款书交易流水号：　00009201
大写（合计）金额：伍万零叁佰伍拾肆元整	税票号码：　320160720000205678

税（费）种名称：	所属日期：	实缴金额：（单位：元）
城建税：	20161101-20161131	11 760.00
教育费附加：	20161101-20161131	5 040.00
地方教育费附加：	20161101-20161131	3 360.00
水利建设基金：	20161101-20161131	9 800.00
个人所得税：	20161101-20161131	14 576.00
印花税：	20161101-20161131	5 818.00

第一次打印　　　　　　　　　　　　　　　打印时间：2016 年 12 月 10 日

客户回单联　　　　　验证码：F52A1AC09002　　　　复核：　　　记账：

原始凭证 26-1

 中国工商银行电子缴税付款凭证

缴税日期：2016 年 12 月 10 日　　　　　　　　凭证字号：2016072188112458

纳税人全称及纳税人识别号：　华糖实业股份有限公司　150101680041112	
付款人全称：　　华糖实业股份有限公司	
付款人账号：　6255581811000770123	征收机关名称：　呼市地税局直属二分局
付款人开户行：工商银行学苑路支行	收款国库（银行）名称：国家金库新城区支库
小写（合计）金额：141 120.00 元	缴款书交易流水号：　00009322
大写（合计）金额：壹拾肆万壹仟壹佰贰拾元整	税票号码：　320160720000206171

税（费）种名称：	所属日期：	实缴金额：（单位：元）
基本养老保险：	20161101-20161131	100 800.00
医疗保险：	20161101-20161131	30 240.00
失业保险：	20161101-20161131	10 080.00

第一次打印　　　　　　　　　　　　　　　打印时间：2016 年 12 月 10 日

客户回单联　　　　　验证码：F52A1AC09006　　　　复核：　　　记账：

原始凭证 26-2

 中国工商银行电子缴税付款凭证

缴税日期：2016 年 12 月 10 日　　　　　　　　凭证字号：2016072188112457

纳税人全称及纳税人识别号：　华糖实业股份有限公司　150101680041112		
付款人全称：　　华糖实业股份有限公司		
付款人账号：6255581811000770123	征收机关名称：呼市地税局直属二分局	
付款人开户行：工商银行学苑路支行	收款国库（银行）名称：国家金库新城区支库	
小写（合计）金额：55 440.00 元	缴款书交易流水号：00009321	
大写（合计）金额：伍万伍仟肆佰肆拾元整	税票号码：320160720000206170	
税（费）种名称：　　　　　　所属日期：		实缴金额：（单位：元）
基本养老保险：	20161101-20161131	40 320.00
医疗保险：	20161101-20161131	10 080.00
失业保险：	20161101-20161131	5 040.00

（工商银行学苑路支行 结算专用章（5）（呼和浩特市））

第一次打印　　　　　　　　　　　　　　　打印时间：2016 年 12 月 10 日

客户回单联　　　　验证码：F52A1AC09005　　　复核：　　　记账：

原始凭证 26-3

呼和浩特市住房公积金管理中心

住房公积金汇缴款书

主 机 流 水 号	4926	交 易 日 期	2016-12-10
单 位 名 称	华糖实业股份有限公司		
单 位 账 号	150102789205	暂 收 账 号	
汇 缴 登 记 号	691245	缴 款 方 式	支票
支 票 号 码	27348095	备 注 （ 其 他 ）	
带 办 单 位 编 号		代 办 单 位 名 称	
缴交金额（大写）	壹拾贰万零玖佰陆拾元整	缴交金额（小写）	120 960.00
起 始 月 份	201611	终 止 月 份 201611	人 数 120
经办柜员：张瑶		单位缴款人（经办人）签字：王晓光	
经办机构：市本级管理部			

（呼和浩特市住房公积金管理中心 业务专用章）

原始凭证 26-4

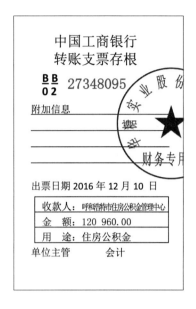

中国工商银行
转账支票存根

B B 02 27348095

附加信息

出票日期 2016 年 12 月 10 日

| 收款人：呼和浩特市住房公积金管理中心 |
| 金　额：120 960.00 |
| 用　途：住房公积金 |

单位主管　　　会计

原始凭证 27-1

<h1 style="text-align:center">收 款 收 据　　NO: 0012109</h1>

2016 年 12 月 11 日

今收到　　　王刚

交　来　　违规操作罚款

人民币　玖佰元整　　　现金收讫　　　　¥900.00

收款单位：　　　　收款人：王芳　　　　交款人：王刚

第三联　记账

原始凭证 28-1

华糖实业股份有限公司
固定资产调拨单

2016 年 12 月 11 日

资产类别	交通设备				
设备名称	运输卡车	设备编号		20140814011	
规格 / 型号 / 品牌	东风大卡车				
调拨时间	2016 年 12 月 16 日	调拨数量		3 辆	
调出部门	供应部	调入部门		包头市蒙新有限责任公司	
购入时间	2014 年 8 月 14 日	原值		170 万元	
已提折旧	20 万元	已提减值准备		调出用途	对外投资
处理意见	资产使用部门	资产管理部门	股东会议审批		备注
	确认不需用	同意调出	同意调出		

原始凭证 28-2

投资协议

华糖实业股份有限公司（简称甲方）：

包头市蒙新有限责任公司（简称乙方）：

经过友好协商，根据《中华人民共和国合同法》，于 2016 年 12 月 11 日就车辆投资事宜达成如下协议：

一、甲方以 2014 年 8 月 14 日购入的 3 辆运输卡车，向乙方投资，享有乙方投资当日可辨认净资产公允价值的 30% 份额，投资当日乙方可辨认净资产公允价值为 608 万元。甲方出资的 3 辆卡车，原值为 170 万元，已提折旧 20 万元，公允价值 156 万元。

二、甲方于签协议以后 10 天内，办理过户手续，并将车辆送到乙方手中。过户手续费由乙方承担。

三、投资之前，甲乙双方不存在关联关系。

四、本协议一式两份，双方各执一份，经双方签字盖章后生效。

为保证本协议的实际履行，甲方自愿提供其所有的财产向其他共同投资人提供担保。甲方承诺在其违约并造成其他共同投资人损失的情况下，以上述财产向其他共同投资人承担违约责任。

本协议经全体共同投资人签字盖章后即生效。本协议一式 2 份，投资人和被投资人各执一份。

甲方（签字）：华糖实业股份有限公司

甲方代表：李浩东

2016 年 12 月 11 日

乙方（签字）：包头市蒙新有限责任公司

乙方代表：张志刚

2016 年 12 月 11 日

原始凭证 29-1

华糖实业股份有限公司
设备报废申请单

2016 年 12 月 12 日

设备名称	造粒机	购入时间	2007.10	已使用年限	110 个月
设备编号	GZ0031	原 值	252 000.00 元	已提折旧	219 542.40 元
使用部门	颗粒粕车间	折余价值	32 457.60 元	预计残值率	5%
报废原因	设备陈旧无使用价值				
使用部门意见	转入清理				
设备管理部门意见	情况属实，同意转入清理				
主管领导意见	同意设备管理部门意见				
备 注					

原始凭证 29-2

内蒙古增值税普通发票

1500143130

发 票 联

№ 01512876

开票日期：2016 年 12 月 12 日

税总函（2016）257 号北京印钞有限公司

购买方	名 称：华糖实业股份有限公司 纳税人识别号：150101680041112 地址、电话：呼和浩特市学苑路 88 号 0471-8862578 开户行及账号：工商银行学苑路支行 6255581811000770123	密码区	<77>-6*14695784-1+ +47134377 7<42307-*62738+978*5<-6231/ 78*<5/35146+6275>80-9<<*713 437777/2403/<<67-8*978*3>06

货物或应税劳务、服务名称	规格型号	单位	数量	单价	金额	税率	税额
劳务					1 886.79	6%	113.21
合 计					¥1 886.79		¥ 113.21

价税合计（大写）	⊗贰仟元整	劳务（小写）¥2 000.00

销售方	名 称：鑫源劳务公司 纳税人识别号：150102789000356 地址、电话：昭君路 15 号 0471-6584521 开户行及账号：建行昭君路营业部 123654441100023	150102789000356 发票专用章

收款人： 复核： 开票人：赵丽 销售方：（章）

原始凭证 29-3

付款申请单

申请部门：供应部   2016 年 12 月 7 日

收款单位名称	鑫源劳务公司		付款方式	现金
本次付款金额	大写：贰仟元整		小写	￥2 000.00
收款单位开户行			账号	
付款事由	清理报废固定资产劳务费		经办人	杨立峰

总经理：李浩东   部门负责人：石磊   财务负责人：刘丽

原始凭证 29-4

：0012110

2016 年 12 月 12 日

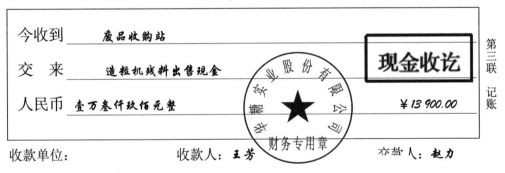

今收到	废品收购站		第
交 来	造粒机残料出售现金	现金收讫	三
人民币	壹万叁仟玖佰元整	￥13 900.00	联 记账

收款单位：   收款人：王芳   交款人：赵力

原始凭证 30-1

中国工商银行　　　　借款凭证（代回单）

2016 年 12 月 12 日

借款单位名称	华糖实业股份有限公司	纳税人识别号	150101680041112								
放款账号	2356778912643456	账号	6255581811000770123								
借款金额	人民币 （大写）伍拾万元整			仟	佰	十	万	仟	佰	十	角	分
				¥	5	0	0	0	0	0	0
用途	生产周转	利率	6.28%（到期一次还本付息）								
单位申请贷款期限	自 2016 年 12 月 10 日起至 2017 年 3 月 10 日止										
银行核定期限	自 2016 年 12 月 12 日起至 2017 年 3 月 12 日止										
上列款项扣除 200 元手续费后已收入你单位账户内 银行签章		单位会计人员：									

原始凭证 31-1

内蒙古增值税专用发票

1500143130　　　　　　　　　　　　　　　　No01510778

记账联　　开票日期：2016 年 12 月 12 日

税总函（2016）257 号北京印钞有限公司

购买方	名　称：呼和浩特市金川酒业公司 纳税人识别号：150102006212362 地址、电话：金川开发区 34 号　0471-3607800 开户行及账号：工行金川支行 6255581811000813222	密码区	<77>-6*14695784-1+ +47134377 7<42307-*62738+978*5<-6231/ 78*<5/35146+6275>80-9<<*713 437777/2403/<<67-8*978*3>06
货物或应税劳务、服务名称	规格型号	单位	数量	单价	金额	税率	税额
食用酒精		吨	200	6 000.00	1 200 000.00	17%	204 000.00
合　计					¥1 200 000.00		¥204 000.00
价税合计（大写）	⊗壹佰肆拾肆仟元整				（小写）¥1 404 000.00		
销售方	名　称：华糖实业股份有限公司 纳税人识别号：150101680041112 地址、电话：呼和浩特市学苑路 88 号　0471-8862578 开户行及账号：工商银行学苑路支行　6255581811000770123	备注	150101680041112 发票专用章

收款人：　　　复核：　　　开票人：李志刚　　　销售方：（章）

第一联　记账联　销货方记账凭证

原始凭证 32-1

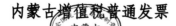

内蒙古增值税普通发票

1500143130

发 票 联

№ 20145223

开票日期: 2016 年 12 月 13 日

税总函（2016）257 号北京印钞有限公司

购买方	名 称: 华糖实业股份有限公司 纳税人识别号: 150101680041112 地址、电话: 呼和浩特市学苑路 88 号 0471-8862578 开户行及账号: 工商银行学苑路支行 6255581811000770123	密码区	<77>-6*14695784-1+ +47134377 7<42307-*62738+978*5<-6231/ 78*<5/35146+6275>80-9<<*713 437777/2403/<<67-8*978*3>06

货物或应税劳务、服务名称	规格型号	单位	数量	单价	金额	税率	税额
咖啡伴侣赤砂糖		盒	50	17.094	854.70	17%	145.30
咖啡伴侣白砂糖		盒	100	17.094	1 709.40	17%	290.60
合 计					¥2 564.10		¥435.90
价税合计（大写）		⊗叁仟元整			（小写）¥3 000.00		

销售方	名 称: 内蒙古天元商贸有限责任公司 纳税人识别号: 110192346870925 地址、电话: 呼和浩特市新华大街 85 号 0471-5823395 开户行及账号: 工商银行大北街支行 5334562289000321123	备注	内蒙古天元商贸有限责任公司 110192346870925 发票专用章

收款人: 　　复核: 　　开票人: 闫丽 　　销售方: （章）

第二联 发票联 购货方记账凭证

原始凭证 32-2

报销清单（发票）说明:

编号	明细	类型	数量（盒）	价税合计（元）	采购时间	采购审批对应
1	咖啡伴侣	赤砂糖	50	1 000.00	2016.12.13	
2		白砂糖	100	2 000.00	2016.12.13	
总计				3 000.00 元		

原始凭证 32-3

华糖实业股份有限公司

费用报销单

部门: 销售部　　　　　2016 年 12 月 13 日

报销金额	（大写）叁仟元整		（小写）¥3 000.00	
开支内容	购买研发产品用样品			
总经理	李浩东	财务负责人 计入费用化支出 刘丽	部门负责人 刘家龙 现金付讫	实务保管、验收人 高云	经办人 张珂
说明: 购买咖啡糖用于新产品研发使用				

原始凭证 33-1

中国工商银行
转账支票存根

$\dfrac{BB}{02}$ 27348096

附加信息

_____

_____

_____

出票日期 2016 年 12 月 13 日

| 收款人：内蒙古建工集团 |
| 金　额：¥ 222 000.00 |
| 用　途：支付工程款 |

单位主管　　　　会计

原始凭证 33-2

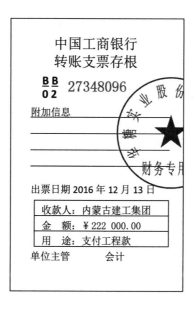

内蒙古增值税专用发票

1500143130

No 02340721

抵扣联

开票日期：2016 年 12 月 13 日

税总函（2016）257 号北京印钞有限公司

| 购买方 | 名　　称：华糖实业股份有限公司
纳税人识别号：150101680041112
地址、电话：呼和浩特市学苑路 88 号　0471-8862578
开户行及账号：工商银行学苑路支行 6255581811000770123 | 密码区 | <77>-6*14695784-1+ +47134377
7<42307-*62738+978*5<-6231/
78*<5/35146+6275>80-9<<*713
437777/2403/<<67-8*978*3>06 |

货物或应税劳务、服务名称	规格型号	单位	数量	单价	金额	税率	税额
工程款					200 000.00	11% %	22 000.00
合　计					¥200 000.00		¥22 000.00

| 价税合计（大写） | ⊗贰拾贰万贰仟元整 | （小写）¥222 000.00 |

| 销售方 | 名　　称：内蒙古建设工程集团
纳税人识别号：150103468770938
地址、电话：呼市金川开发区金山大道 2 号　0471-8801240
开户行及账号：中信银行　11002558863702200588 | 备注 | 150103468770938
发票专用章 |

收款人：巴特　　　　　复核：李强　　　　　开票人：巴特　　　　　销售方：（章）

第二联　抵扣联　购货方抵扣凭证

原始凭证 33-3

内蒙古增值税专用发票

1500143130

发 票 联

N<u>o</u>02340721

开票日期：2016 年 12 月 13 日

购买方	名　　称：华糖实业股份有限公司	密码区	<77>-6*14695784-1+ +47134377 7<42307-*62738+978*5<-6231/ 78<5/35146+6275>80-9<<*713 437777/2403/<<67-8*978*3>06
	纳税人识别号：150101680041112		
	地址、电话：呼和浩特市学苑路 88 号　0471-8862578		
	开户行及账号：工商银行学苑路支行 6255581811000770123		

货物或应税劳务、服务名称	规格型号	单位	数量	单价	金额	税率	税额
工程款					200 000.00	11%	22 000.00
合　计					¥200 000.00		¥22 000.00

价税合计（大写）	⊗贰拾贰万贰仟元整		（小写）¥222 000.00

销售方	名　　称：内蒙古建设工程集团	备注	
	纳税人识别号：150103468770938		150103468770938
	地址、电话：呼市金川开发区金山大道 2 号　0471-8801240		发票专用章
	开户行及账号：中信银行　11002558863702200588		

收款人：巴特　　　　复核：李强　　　　开票人：巴特　　　　销售方：（章）

原始凭证 33-4

付款申请单

申请部门：工程部　　　　2016 年 12 月 13 日

收款单位名称	内蒙古建设工程集团	付款方式	转账支票
本次付款金额	大写：贰拾贰万贰仟元整	小写	¥222 000.00
收款单位开户行	中信银行	账号	11002558863702200588
付款事由	自建厂房工程款	经办人	杨楠

总经理：李浩东　　　　部门负责人：丁伟　　　　财务负责人：刘丽

原始凭证 34-1

广西桂林制糖股份有限公司 2016 年度分红派息实施公告

证券代码：015632　　证券简称：桂林制糖股份　　编号：2016-057

本公司及董事会全体成员保证信息披露的内容真实、准确、完整，没有虚假记载、误导性陈述或重大遗漏。

一、股东大会审议通过利润分配方案情况：2016 年 12 月 14 日召开的广西桂林制糖股份有限公司 2016 年年度股东大会审议通过了公司《2016 年度利润分配预案》。

二、分红派息方案：每 1 股派发现金红利 1.8 元（含税）。

三、股权登记日与除息日：广西桂林制糖股份有限公司股票的股权登记日为 2016 年 12 月 15 日，除息日为 2016 年 12 月 16 日。

四、分红派息对象：截至 2016 年 12 月 15 日上海交易所收市以后，在上海交易所结算有限公司登记在册的所有广西桂林制糖股份有限公司的股东。

五、分红派息方法：

1. 属于上述分红对象的广西桂林制糖股份有限公司公众股股东所分现金股息由上海交易所结算有限公司通过其托管商于 2016 年 12 月 30 日前划入股东证券账户或保证金账户。

2. 法人股和高管人员持有的股息直接由本公司支付。

六、特别提示：

1. 本次分红派息期间，桂林制糖股份股票不停牌。

2. 咨询电话：0773-3659821

广西桂林制糖股份有限公司董事会
二零一六年十二月十四日

原始凭证 35-1

华糖实业股份有限公司
固定资产验收单

2016 年 12 月 14 日

资产信息	资产名称		规格型号	单位	数量	来源	资产状态
	卧式压榨机		YZJ-3T	台	1	融资租入	全新
支付情况	买入/自建	设备费	材料费	安装费	借款利息		合　计
		—	—	—	—		
	融资租入	合同价	公允价	安装费	附加费	其他	入账价值
		300 万元	280 万元	1 万元		0.5 万元	
管理部门	编号	类别	折旧年限	残值率	移交单位	接交单位	使用部门
	GZ0005	机器设备	20 年	5%			制糖车间

原始凭证 35-2

付款申请单

申请部门：工程部　　　　　　　　　　2016 年 12 月 14 日

收款单位名称	蒙融租赁股份有限公司	付款方式	转账支票
本次付款金额	大写：壹万伍仟元整	小写	¥15 000.00
收款单位开户行	中信银行创业路支行	账号	6226166726782677
付款事由	付融资租入压榨机安装调试费	经办人	李琦

总经理：李浩东　　　　　　　部门负责人：丁伟　　　　　　　财务负责人：刘丽

原始凭证 35-3

付款申请单

申请部门：工程部　　　　　　　　　　2016 年 12 月 14 日

收款单位名称	蒙融租赁股份有限公司	付款方式	电汇
本次付款金额	大写：壹佰万元整	小写	¥1 000 000.00
收款单位开户行	中信银行创业路支行	账号	6226166726782677
付款事由	付融资租入卧式压榨机款	经办人	李琦

总经理：李浩东　　　　　　　部门负责人：丁伟　　　　　　　财务负责人：刘丽

原始凭证 35-4

ICBC 中国工商银行　业务回单（付款）

日期：2016 年 12 月 14 日　　　　　回单编号：92654301

付款人户名：华糖实业股份有限公司　　　　　　　　付款人开户行：工商银行学苑路支行

付款人账号（卡号）：6255581811000770123

收款人户名：蒙融租赁股份有限公司　　　　　　　　收款人开户行：建行铁路支行

收款人账号（卡号）：6226166726782677

金额：壹佰万元整　　　　　　　　　　　　　　　　　小写：　¥1 000 000.00

业务（产品）种类：跨行付款　　　凭证种类：00000000　　　凭证号码：0000000000000000000

摘要：贷款　　　　　用途：付租金　　　　　　　　　币种：人民币

交易机构：0410000298　　　记账柜员：00023　　　交易代码：52063　　　渠道：其他渠道

附言：

本回单为第 1 次打印，注意重复　　打印日期：2016 年 12 月 14 日　　打印柜员：9　　验证码：4985B3E5006

147

原始凭证 35-5

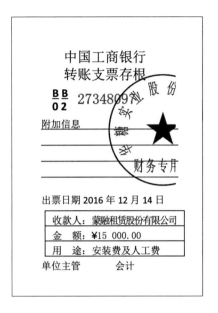

中国工商银行
转账支票存根

B B
02   2734809

附加信息

出票日期 2016 年 12 月 14 日

收款人：蒙融租赁股份有限公司	
金　额：¥15 000.00	
用　途：安装费及人工费	

单位主管　　会计

原始凭证 35-6

收 款 收 据　　NO: 9812865

2016 年 12 月 14 日

今收到	华糖实业股份有限公司		第三联
交　来	租赁设备款		
人民币	壹佰万元整	¥1 000 000.00	记账

收款单位：　　　　　收款人：于欣然　　　　　交款人：

原始凭证 35-7

最低租赁付款额现值计算表

付款时间	0	1	2		合　计
租金	100 万元	100 万元	100 万元		300 万元
折现率	8%	8%	8%		—
折现系数	1.0000	0.9259	0.8573		
付款额现值					

原始凭证 35-8

融资租赁固定资产合同

甲方：蒙融租赁股份有限公司

乙方：华糖实业股份有限公司

根据双方协商，甲方同意融资租赁给乙方一台卧式压榨机，具体事项约定如下：

1. 租赁标的物：总价为 300 万元。

2. 租赁期：三年。

3. 租金支付方式：自租赁开始日起每年支付 100 万元。

4. 款项全部付清后由甲方开具增值税专用发票，乙方获得该设备的所有权。

5. 安装、调试期间发生的费用乙方承担。

甲方：蒙融租赁股份有限公司　　　乙方：华糖实业股份有限公司

2016 年 12 月 14 日　　　　　　　2016 年 12 月 14 日

原始凭证 35-9

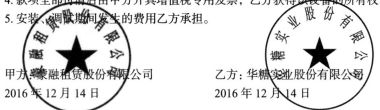

内蒙古增值税普通发票

1500143130　　　　　　　　　　　　　　№ 01520786

发 票 联

开票日期：2016 年 12 月 14 日

购买方	名　称：华糖实业股份有限公司	密码区	<77>-6*14695784-1+ +47134377 7<42307-*62738+978*5<-6231/ 78*<5/35146+6275>80-9<<*713 437777/2403/<<67-8*978*3>06
	纳税人识别号：150101680041112		
	地址、电话：呼和浩特市学苑路 88 号 0471-8862578		
	开户行及账号：工商银行学苑路支行 6255581811000770123		

货物或应税劳务、服务名称	规格型号	单位	数量	单价	金额	税率	税额
安装调试费					13 513.52	11%	1 485.48
合　计					¥13 513.52		¥1 485.48

价税合计（大写）	⊗壹万伍仟元整	（小写）¥15 000.00

销售方	名　称：蒙融租赁股份有限公司	备注	 914200200534771 发票专用章
	纳税人识别号：914200200534771		
	地址、电话：鄂尔多斯市昭乌达路 22 号 0474-2677556		
	开户行及账号：中信银行创业路支行 6226166726782677		

收款人：　　　　复核：　　　　开票人：　　　　销售方：（章）

原始凭证 36-1

华糖实业股份有限公司
持有至到期投资利息计算单

持有至到期投资信息							应收利息	投资收益
投资名称	购入日	到期日	票面利率	三年期存款利率	购入成本	面值		
国债	2015.12.15	2018.12.15	3.92%	3.9%	1 000 000.00	1 000 000.00		

偿还方式：到期一次还本付息

原始凭证 37-1

国泰君安证券交割单 [红利入账]

成交席位：A 区 107　　　　　　　　成交日期时间：2016-12-15　15：05
证券代码：华糖实业股份有限公司　　成交编号：90061
股东账号：0099332449　　　　　　　成交数量：0
资金账号：8889013001099142　　　　成交价格：0
前证券余额：　　　　0.00　　　　　成交金额：40 000.00
前资金余额：683 796.00　　　　　　佣金：　　　　0.00
后证券余额：　　　　0.00　　　　　过户费：　　　0.00
后资金余额：723 796.00　　　　　　证券余额：50 000
证券代码：003689　　　　　　　　　印花税：　　　0.00
证券名称：大唐公司　　　　　　　　收付金额：40 000.00
申报日期：2016-12-15　　　　　　　其他费用：　　0.00
备　　注：利息入账

原始凭证 37-2

华糖实业股份有限公司
可供出售金融资产信息记录单

投资信息								
资产名称	资产类型	购入日	到期日	票面利率	实际利率	偿还方式	购入成本	债券面值
大唐公司债券	可供出售金融资产	2015.12.15	2018.12.15	4%	3%	分期付息到期还本	1 028 200.00	1 000 000.00

注：大唐公司债券 2015 年年末公允价值无变动。

原始凭证 38-1

付款申请单

申请部门：供应部　　　　　　　　　　2016 年 12 月 16 日

收款单位名称	广州市万兴化工科技公司	付款方式	电汇
本次付款金额	大写：伍仟贰佰壹拾捌元贰角整	小写	¥5 218.20
收款单位开户行	工商银行广州第二支行	账号	3602000509200684958
付款事由	购消泡剂、絮凝剂	经办人	王凯

总经理：李浩东　　　　　　　部门负责人：王亮　　　　　　财务负责人：刘丽

原始凭证 38-2

ICBC 中国工商银行　业务回单（付款）

日期：2016 年 12 月 16 日　　　　　　回单编号：928394597

付款人户名：华糖实业股份有限公司　　　　　　　　　　付款人开户行：工商银行学苑路支行

付款人账号（卡号）：6255581811000770123

收款人户名：广东万兴化工科技公司　　　　　　　　　　收款人开户行：工商银行广州第二支行

收款人账号（卡号）：3602000509200684958

金额：伍仟贰佰壹拾捌元贰角整　　　　　　　　　　　　金额小写：　¥ 5 218.20

业务（产品）种类：同行付款　　凭证种类：00000000　　凭证号码：00000000000000000000

摘要：付货款　　　　　　　　　用途：货款　　　　　　　种：人民币

交易机构：0410000298　　记账柜员：00023　　交易代码：52063　　渠道：其他渠道

附言：

本回单为第 1 次打印，注意重复　打印日期：2016 年 12 月 17 日　打印柜员：9　验证码：4985B3E5006

原始凭证 38-3

4451943154

广东省增值税专用发票

抵 扣 联

N<u>o</u>00554166

开票日期：2016 年 12 月 16 日

购买方	名　　　称：华糖实业股份有限公司 纳税人识别号：150101680041112 地址、电话：呼和浩特市学苑路 88 号　0471-8862578 开户行及账号：工商银行学苑路支行 6255581811000770123		密码区	〈77〉-6*14695784-1+ +47134377 7〈42307-*62738+978*5〈-6231/ 78*〈5/35146+6275〉80-9〈*713 437777/2403/〈〈67-8*978*3〉06

第二联 抵扣联 购货方扣税凭证

货物或应税劳务、服务名称	规格型号	单位	数量	单价	金额	税率	税额
制糖消泡剂		桶	10	236.00	2 360.00	17%	401.20
絮凝剂		公斤	100	21.00	2 100.00	17%	357.00
合　计					￥4 460.00		￥758.20
价税合计（大写）		⊗伍仟贰佰壹拾捌元贰角整　　　　　（小写）￥5 218.20					
销售方	名　　　称：广东万兴化工科技公司 纳税人识别号：316874030000298 地址、电话：广州市天河区工业园区 48 号　020-37394711 开户行及账号：工行广州第二支行 3602000509200684958						

税总函（2016）257 号北京印钞有限公司

收款人：　　　　复核：　　　　开票人：**万芳**　　　　销售方：（章）

原始凭证 38-4

4451943154

广东省增值税专用发票

发 票 联

N<u>o</u>00554166

开票日期：2016 年 12 月 16 日

购买方	名　　　称：华糖实业股份有限公司 纳税人识别号：150101680041112 地址、电话：呼和浩特市学苑路 88 号　0471-8862578 开户行及账号：工商银行学苑路支行 6255581811000770123		密码区	〈77〉-6*14695784-1+ +47134377 7〈42307-*62738+978*5〈-6231/ 78*〈5/35146+6275〉80-9〈*713 437777/2403/〈〈67-8*978*3〉06

第三联 发票联 购货方记账凭证

货物或应税劳务、服务名称	规格型号	单位	数量	单价	金额	税率	税额
制糖消泡剂		桶	10	236.00	2 360.00	17%	401.20
絮凝剂		公斤	100	21.00	2 100.00	17%	357.00
合　计					￥4 460.00		￥758.20
价税合计（大写）		⊗伍仟贰佰壹拾捌元贰角整　　　　　（小写）￥5 218.20					
销售方	名　　　称：广东万兴化工科技公司 纳税人识别号：316874030000298 地址、电话：广州市天河区工业园区 48 号　020-37394711 开户行及账号：工行广州第二支行 3602000509200684958						

税总函（2016）257 号北京印钞有限公司

收款人：　　　　复核：　　　　开票人：**万芳**　　　　销售方：（章）

原始凭证 38-5

华糖实业股份有限公司
材料入库单

仓库：周转材料库　　　　　入库日期：2016 年 12 月 16 日　　　　　编号：006328

材料名称	规格型号	单位	数量		实际成本		计划成本	
			发票	实际	单价	金额	单价	金额
制糖消泡剂		桶	10	10	236.00	2 360.00		
絮凝剂		包	100	100	21.00	2 100.00		

记账　　　　　　　　　　　　保管员：齐立兴　　　　　　　　采购员：王凯

原始凭证 39-1

托收凭证（汇款依据或收账通知）　4

委托日期 2016 年 12 月 2 日　　　付款期限 2016 年 12 月 17 日

业务类型	委托收款：□起划、□电划　　托收承付：□起划、☑电划												

出票人	全称	沈阳市光明食品公司			收款人	全称	华糖实业股份有限公司		
	账号	62284800111000123				账号	6255581811000770123		
	地址	辽宁省沈阳市县	开户行	农行小北支行		地址	内蒙古省呼市县	开户行	工商银行学苑路支行

金额	人民币（大写）叁佰伍拾万零捌仟壹佰伍拾元整	亿	千	百	十	万	千	百	十	元	角	分
			￥	3	5	0	8	1	5	0	0	0

款项内容	绵白糖	托收凭据名称	增值税专用发票 铁路运输增值税专用发票	附寄单证张数	2
商品发运情况		铁路运输	合同名称号码	0069401	

备注：验货无误，同意付款 复核：　记账：	上列款项已划回收入你方账户内 收款人开户银行签章 2016 年 12 月 16 日 结算专用章（5）（呼和浩特市）

原始凭证 40-1

ICBC 圄 中国工商银行　业务回单（收款）

日期：2016 年 12 月 17 日　　　　　　回单编号：92838071

付款人户名：广西百色糖业公司　　　　　　　　　　　　付款人开户行：工行百色市第七分理处

付款人账号（卡号）：6255001811012770165

收款人户名：华糖实业股份有限公司　　　　　　　　　　收款人开户行：工商银行学苑路支行

收款人账号（卡号）：6255581811000770123

金额：壹拾万元整　　　　　　　　　　　　　　　　　　小写：　　　¥100 000.00

业务（产品）种类：同行付款　　　凭证种类：00000000　　凭证号码：0000000000000000000

摘要：转让费　　　　　　　　　用途：转让费　　　　　币种：人民币

交易机构：0410000298　　　记账柜员：00023　交易代码：52062　　渠道：其他渠道

附言：

本回单为第 1 次打印，注意重复　打印日期：2016 年 12 月 17 日　打印柜员：9　验证码：4985B3E5006

原始凭证 40-2

1500143130　　**内蒙古增值税专用发票**　　№ 01510779

记 账 联　　　　开票日期：2016 年 12 月 17 日

购买方	名　　称：广西百色糖业公司 纳税人识别号：451002456111236 地址、电话：广西百色市红星路 14 号　0776-45001120 开户行及账号：工行百色市第七分理处 6255001811012770165				密码区	〈77〉-6*14695784-1+ +47134377 7〈42307-*62738+978*5〈-6231/ 78*〈5/35146+6275〉80-9〈〈*713 437777/2403/〈〈67-8*978*3〉06			第一联 记账联 销货方记账凭证
	货物或应税劳务、服务名称	规格型号	单位	数量	单价	金额	税率	税额	
	非专利技术转让费					100 000.00	免税		
	合　计					¥100 000.00			
	价税合计（大写）		⊗壹拾万元整			（小写）¥100 000.00			
销售方	名　　称：华糖实业股份有限公司 纳税人识别号：150101680041112 地址、电话：呼和浩特市学苑路 88 号　0471-8862578 开户行及账号：工商银行学苑路支行 6255581811000770123				备注				

收款人：　　　　　　复核：　　　　　　开票人：李志刚　　　　销售方：（章）

原始凭证 40-3

非专利技术使用权转让协议

转让方：华糖实业股份有限公司

受让方：广西百色糖业公司

　　根据《中华人民共和国合同法》的有关规定，经双方协商一致，签订本合同。

　　1. 项目名称：蔗糖制品废水处理铁炭微电解技术。

　　2. 转让方的主要义务：在合同履行过程中，向受让方提供有关的技术资料、技术指导和服务，保证所转让的技术具有实用性。

　　3. 受让方的义务：在本协议有效期内，承担保密义务。

　　4. 转让期：六年。

　　5. 形式：非独占许可使用权转让。

　　6. 付款条件：转让费每年 10 万元。

　　7. 侵权风险责任承担：转让方应保证自己是本非专利技术的合法所有者，否则，由此引起侵害他人合法权益的，应由转让方承担法律责任。

转让方：

法定代表人：

2016 年 12 月 17 日

受让方：

法定代表人：

2016 年 12 月 17 日

原始凭证 41-1

国泰君安证券交割单 [证券卖出]

资金账号：8889013001099142	客户名称：华糖实业股份有限公司
证券代码：600597	证券名称：雪原乳业
客户代码：1105	成交价格：12.18
股东账户：0089852150	成交数量：50 000
佣金：　1 218.00	成交金额：609 000.00
印花税：　609.00	其他费用：0.00
过户费：　0.00	收付金额：607 173.00
上次库存：100 000	证券余额：50 000
上次余额：723 796.00	资金余额：1 330 969.00

成交日期：2016 年 12 月 18 日　　　　　成交时间：09：30：12

当前证券余额

【600597】　　　【雪原乳业股份】　　　【50 000】　　　【609 000】

原始凭证 41-2

华糖实业股份有限公司
交易性金融资产备查簿

序号	资产名称	时间	股数	购入成本	公允价值
		2015.11.25	100 000	3.5 元 / 股	3.5 元 / 股
		2015.12.31	100 000	3.5 元 / 股	8 元 / 股
1	雪原乳业股份	2016.6.30	100 000	3.5 元 / 股	10.14 元 / 股
		2016.12.18	50 000	3.5 元 / 股	12.18 元 / 股

原始凭证 42-1

债务重组协议

甲方（债务人）：九芝堂股份有限公司
乙方（债权人）：华糖实业股份有限公司

    鉴于长期业务往来形成的债权债务关系，甲乙双方经友好协商，就乙方对甲方的债权转为股权问题，订立本协议。债权转为股权后，乙方成为甲方的股东，不再享有债权人权益，转而享有股东权益。

    1. 本次债务重组的金额为 200 万元（大写：贰佰万元整）。

    2. 由于甲方生产经营遇到了前所未有的困难，资金匮乏，乙方充分考虑到甲方的实际情况，同意甲方以其股权抵偿债务。具体如下：

    （1）乙方以其 10 万股股权抵偿债务，以公允价值确认债转股金额。

    （2）经参照九芝堂近期股价，双方协商确认公允价为 19.60 元 / 股。

    3. 费用承担

    因签订、履行本协议所发生的聘请中介机构费用及其他必要费用，均由甲方负担。

    4. 本协议自双方代表签字并加盖公章之日起生效。

甲方（盖章）：

法定代表人：

2016 年 12 月 18 日

乙方（盖章）：

法定代表人：

2016 年 12 月 18 日

原始凭证 43-1

中国工商银行　电汇凭证（回　　单）

1

委托日期　2016 年 12 月 19 日

出票人	全称	华糖实业股份有限公司	收款人	全称	上海太古糖业有限公司									
	账号	6255581811000770123		账号	3210010100119811133								
	汇出地点	内蒙古 省 呼和浩特 市 县		汇入地点	省 上海市 县								
	汇出行名称	工商银行学苑路支行		汇入行名称	中国银行黄埔支行								

金额	人民币（大写）壹佰伍拾玖万陆仟元整	亿	千	百	十	万	千	百	十	元	角	分
			¥	1	5	9	6	0	0	0	0	0

支付密码

附加信息及用途：付代销货物款

汇出行签章

复核：　　　　记账：

结算专用章（5）
（呼和浩特）

此联是汇出行给汇款人的回单

原始凭证 43-2

3104943282

上海市增值税专用发票

抵 扣 联

No 58325471

开票日期：2016 年 12 月 19 日

税总函（2016）257 号北京印钞有限公司

购买方	名称：华糖实业股份有限公司	密码区	<77>-6*14695784-1+ +47134377 7/42307-*62738+978*5<-6231/ 78*<5/35146+6275>80-9<<*713 437777/2403/<<67-8*978*3>06
	纳税人识别号：150101680041112		
	地址、电话：呼和浩特市学苑路 88 号 0471-8862578		
	开户行及账号：工商银行学苑路支行 6255581811000770123		

货物或应税劳务、服务名称	规格型号	单位	数量	单价	金额	税率	税额
方糖		箱	4 000	375.00	1 500 000.00	17%	255 000.00
合　计					¥ 1 500 000.00		¥ 255 000.00

价税合计（大写）	⊗壹佰柒拾伍万伍仟元整	（小写）¥ 1 755 000.00

销售方	名称：上海太古糖业有限公司	备注	
	纳税人识别号：310101321441103		
	地址、电话：上海市黄浦区中兴路 68 号 021-88641100		
	开户行及账号：中国银行黄埔支行 3210010100119811133		

310101321441103
发票专用章

收款人：　　　　复核：　　　　开票人：李晓丽　　　　销售方：（章）

第二联 抵扣联 购货方扣税凭证

原始凭证 43–3

<table>
<tr><td colspan="2">3104943282</td><td colspan="3">上海市增值税专用发票
发 票 联</td><td colspan="3">N o 58325471
开票日期：2016 年 12 月 19 日</td></tr>
</table>

税总函（2016）257 号北京印钞有限公司

第三联 发票联 购货方记账凭证

<table>
<tr><td rowspan="4">购买方</td><td>名　　称：</td><td colspan="2">华糖实业股份有限公司</td><td rowspan="4">密码区</td><td colspan="3"><77>-6*14695784-1+ +47134377
7/42307-*62738+978*5<-6231/
78*<5/35146+6275>80-9<<*713
437777/2403/<<67-8*978*3>06</td></tr>
<tr><td>纳税人识别号：</td><td colspan="2">150101680041112</td></tr>
<tr><td>地址、电话：</td><td colspan="2">呼和浩特市学苑路 88 号　0471-8862578</td></tr>
<tr><td>开户行及账号：</td><td colspan="2">工商银行学苑路支行 6255581811000770123</td></tr>
<tr><td colspan="2">货物或应税劳务、服务名称</td><td>规格型号</td><td>单位</td><td>数量</td><td>单价</td><td>金额</td><td>税率</td><td>税额</td></tr>
<tr><td colspan="2">方糖</td><td></td><td>箱</td><td>4 000</td><td>375.00</td><td>1 500 000.00</td><td>17%</td><td>255 000.00</td></tr>
<tr><td colspan="2">合　　计</td><td></td><td></td><td></td><td></td><td>￥1 500 000.00</td><td></td><td>￥255 000.00</td></tr>
<tr><td colspan="2">价税合计（大写）</td><td colspan="4">⊗壹佰柒拾伍万伍仟元整</td><td colspan="3">（小写）￥1 755 000.00</td></tr>
<tr><td rowspan="4">销售方</td><td>名　　称：</td><td colspan="3">上海太古糖业有限公司</td><td rowspan="4">备注</td><td colspan="2" rowspan="4">310101321441103
发票专用章</td></tr>
<tr><td>纳税人识别号：</td><td colspan="3">310101321441103</td></tr>
<tr><td>地址、电话：</td><td colspan="3">上海市黄浦区中兴路 68 号　021-88641100</td></tr>
<tr><td>开户行及账号：</td><td colspan="3">中国银行黄埔支行 3210010100119811133</td></tr>
</table>

收款人：　　　　　复核：　　　　　　　开票人：李晓丽　　　　销售方：（章）

原始凭证 44–1

华糖实业股份有限公司
费用报销单

部门：行政部　　　　　　　　2016 年 12 月 19 日

<table>
<tr><td>报销金额</td><td colspan="2">（大写）贰万元整</td><td colspan="2">（小写）￥20 000.00</td></tr>
<tr><td>开支内容</td><td colspan="4">法律咨询费</td></tr>
<tr><td rowspan="2">总经理</td><td></td><td>财务负责人</td><td>部门负责人</td><td>实务保管、验收人</td><td>经办人</td></tr>
<tr><td></td><td>刘丽</td><td>赵亮</td><td></td><td>孙杨</td></tr>
<tr><td>说明：</td><td colspan="4"></td></tr>
</table>

原始凭证 44-2

ICBC图 中国工商银行　业务回单（付款）

日期：2016 年 12 月 19 日　　　　　　回单编号：92839251

付款人户名：华糖实业股份有限公司　　　　　　　　付款人开户行：工商银行学苑路支行

付款人账号（卡号）：6255581811000770123

收款人户名：内蒙古盈科律师事务所　　　　　　　　收款人开户行：中行金州路支行

收款人账号（卡号）：150102271100045

金额：贰万元整　　　　　　　　　　　　　　　　小写：　　　¥20 000.00

业务（产品）种类：跨行付款　　凭证种类：00000000　凭证号码：00000000000000000000

摘要：咨询费　　　　　　　　用途：咨询费　　　　　　　种：人民币

交易机构：0410000298　　记账柜员：00023　　交易代码：52063　　渠道：其他渠道

（结算专用章（5）（呼和浩特市））

附言：

本回单为第 1 次打印，注意重复　　打印日期：2016 年 12 月 19 日　　打印柜员：9　　验证码：4985B3E5006

原始凭证 44-3

1500143130　　　内蒙古增值税专用发票　　　№12568932

抵扣联　　　　　开票日期：2016 年 12 月 19 日

税总函（2016）257 号北京印钞有限公司

第二联　抵扣联　购货方扣税凭证

购买方	名　称：华糖实业股份有限公司					密码区	<77>-6*14695784-1+ +47134377 7<42307-*62738+978*5<-6231/ 78*<5/35146+6275>80-9<<*713 437777/2403/<<67-8*978*3>06
	纳税人识别号：150101680041112						
	地址、电话：呼和浩特市学苑路 88 号　0471-8862578						
	开户行及账号：工商银行学苑路支行 6255581811000770123						

货物或应税劳务、服务名称	规格型号	单位	数量	单价	金额	税率	税额
咨询费					18 867.92	6%	1 132.08
合　计					¥18 867.92		¥1 132.08
价税合计（大写）	⊗贰万元整				（小写）¥20 000.00		

销售方	名　称：内蒙古盈科律师事务所	备注
	纳税人识别号：150102271100045	
	地址、电话：金州路 51 号　0471-3255412	
	开户行及账号：中行金州路支行 210011445689225	

（内蒙古盈科律师事务所 150102271100045 发票专用章）

收款人：　　　　　复核：　　　　　开票人：候君亭　　　　　销售方：（章）

171

原始凭证 44-4

1500143130

内蒙古增值税专用发票

发 票 联

N⚬12568932

开票日期：2016 年 12 月 19 日

第三联 发票联 购货方记账凭证

税总函（2016）257 号北京印钞有限公司

购买方	名　　　称：华糖实业股份有限公司						密码区	〈77〉-6*14695784-1+ +47134377 7〈42307-*62738+978*5〈-6231/ 78*〈5/35146+6275〉80-9〈〈*713 437777/2403/〈〈67-8*978*3〉06		
	纳税人识别号：150101680041112									
	地址、电话：呼和浩特市学苑路 88 号　0471-8862578									
	开户行及账号：工商银行学苑路支行 6255581811000770123									
货物或应税劳务、服务名称	规格型号	单位	数量	单价		金额	税率	税额		
咨询费						18 867.92	6%	1 132.08		
合　计						¥18 867.92		¥1 132.08		
价税合计（大写）　⊗贰万元整					(小写)¥20 000.00					
销售方	名　　　称：内蒙古盈科律师事务所						备注	150102271100045 发票专用章		
	纳税人识别号：150102271100045									
	地址、电话：金州路 51 号　0471-3255412									
	开户行及账号：中行金州路支行 210011445689225									

收款人：　　　　复核：　　　　开票人：侯君亭　　　　销售方：（章）

原始凭证 45-1

中国工商银行
转账支票存根

BB/02　27348098

附加信息

出票日期 2016 年 12 月 20 日

| 收款人：希望工程 |
| 金额：¥100 000.00 |
| 用途：捐款 |

单位主管　　　会计

原始凭证 45-2

公益性单位接受捐赠统一收据

国财 00202　　　　2016 年 12 月 20 日　　No 0801709150

捐赠者　__华糖实业股份有限公司__

捐赠项目　__希望小学__

捐赠金额（实物价值）大写　__壹拾万元整__

小写　__¥100 000.00__

货币（实）种类　__人民币__

接收单位（盖章）　　审核　　　经手人 张秀峰　　支票号

感谢您的慷慨捐赠！

第二联　　捐赠者

原始凭证 46-1

华糖实业股份有限公司

借 款 单

2016 年 12 月 20 日

借款人部门	销售部	借款人签字	张毅	
借款金额	大写：贰仟元整			小写：¥2 000.00
借款用途	差旅费			
备　注				

单位负责人：李浩东　　　　账务经理：刘丽　　　　部门经理：刘宏生

原始凭证 46-2

中国工商银行
现金支票存根

B B
02   67342563

附加信息

出票日期 2016 年 12 月 20 日

收款人：华糖实业股份有限公司	
金额：¥2 000.00	
用途：张毅借差旅费	

单位主管　　　会计

原始凭证 47-1

中国工商银行 进 账 单（回 单）　　1

年　　　月　　　日

出票人	全　称		收款人	全　称	
	账　号			账　号	
	开户银行			开户银行	
金额	人民币 （大写）		亿 千 百 十 万 千 百 十 元 角 分		
票据种类		票据张数			
票据号码					
复核：　　　记账：				开户银行签章	

此联是开户银行给持票人的回单

结算专用章（5）
（呼和浩特市）

原始凭证 47-2

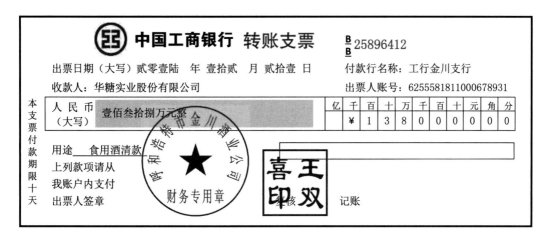

中国工商银行　转账支票

B B 25896412

出票日期（大写）贰零壹陆　年　壹拾贰　月　贰拾壹　日　　付款行名称：工行金川支行

收款人：华糖实业股份有限公司　　　　　　　　　出票人账号：6255581811000678931

本支票付款期限十天

人民币（大写）　壹佰叁拾捌万元整

亿	千	百	十	万	千	百	十	元	角	分
¥	1	3	8	0	0	0	0	0	0	0

用途　食用酒清款

上列款项请从我账户内支付

出票人签章

复核　　记账

原始凭证 48-1

1500143130

内蒙古增值税专用发票

记 账 联

No 01510778

开票日期：2016 年 12 月 21 日

税总函（2016）257 号北京印钞有限公司

购买方	名　称：呼和浩特市食品饮料公司 纳税人识别号：1501022233001165 地址、电话：呼和浩特市建设路 98 号　0471-6950111 开户行及账号：农行建设路支行　60011200012345678					密码区	<77>-6*14695784-1+ +47134377 7<42307-*62738+978*5<-6231/ 78*<5/35146+6275>80-9<<*713 437777/2403/<<67-8*978*3>06		
货物或应税劳务、服务名称	规格型号	单位	数量	单价	金额		税率	税额
白砂糖		吨	1 200	5 500.00	6 600 000.00		17%	1 122 000.00
合　计					¥6 600 000.00			¥1 122 000.00
价税合计（大写）　⊗柒佰柒拾贰万贰仟元整						（小写）¥7 722 000.00		
销售方	名　称：华糖实业股份有限公司 纳税人识别号：150101680041112 地址、电话：呼和浩特市学苑路 88 号　0471-8862578 开户行及账号：工商银行学苑路支行 6255581811000770123					备注			

第一联　记账联　销货方记账凭证

收款人：　　　　复核：　　　　开票人：李志刚　　　　销售方：（章用章）

原始凭证 48-2

ICBC 图 中国工商银行　业务回单（收款）

日期：2016 年 12 月 21 日　　　　　　　　回单编号：92839101

付款人户名：呼和浩特市食品饮料公司　　　　　　　付款人开户行：农行建设路支行

付款人账号（卡号）：60011200012345678

收款人户名：华糖实业股份有限公司　　　　　　　　收款人开户行：工商银行学苑路支行

收款人账号（卡号）：6255581811000770123

金额：叁佰叁拾贰万贰仟元整　　　　　　　　　　　　　　　　　　　小写：　¥3 322 000.00

业务（产品）种类：跨行付款　　　　凭证种类：00000000　　　凭证号码：00000000000000000000

摘要：垫货款　　　　　　　　　　用途：货款　　　　　　　　币种：人民币

交易机构：0410000298　　　记账柜员：00023　　　交易代码：52063　　　渠道：其他渠道

附言：

本回单为第 1 次打印，注意重复　　打印日期：2016 年 12 月 21 日　　打印柜员：9　　验证码：4985B3E5006

原始凭证 48-3

应收合同价款现值计算表

2016 年 12 月 21 日　　　　　　　　　　　　　单位：元

收款时间	0	1	2	合　计
折现率	5.5%	5.5%	5.5%	—
折现系数	1.00000	0.94787	0.89845	—
合同价款	2 200 000	2 200 000.00	2 200 000.00	6 600 000.00
现值				
差额				

原始凭证 48-4

购销协议

甲方（卖方）：华糖实业股份有限公司
乙方（买方）：呼和浩特市食品饮料公司

一、标的物

商品名称	规格型号	单位	数量	单价	金额	税额
白砂糖		吨	1 200	5 500.00	6 600 000.00	1 122 000

合计人民币（大写）：柒佰柒拾贰万贰仟元整　　　　　　　　小写：7 722 000.00

二、货款及支付方式

运费和交付标的物产生的其他相关费用由 乙方 承担。

付款方式：采取分期付款方式，具体如下：

于交货时首期支付甲方人民币（大写）叁佰叁拾贰万贰仟元整，小写：3 322 000.00 元。其中价款 220 万元，税款 112.2 万元。余款 440 万元分两年付清，每年 220 万元。

2017 年付款时间：2017 年 12 月 21 日。

2018 年付款时间：2018 年 12 月 21 日。

三、运输方式

铁路运输，运费由乙方负担。

四、违约责任

甲、乙双方严格履行本合同条款，未经对方同意任何一方不得擅自单方解除本合同。若有一方单方违约，需向守约方支付违约金，违约金按合同价款的 5% 计算。

本协议壹式贰份，甲、乙双方各执壹份，本合同在甲、乙双方签字盖章后成立。

甲方（公章）：　　　　　　　　　　　　　乙方（公章）：

授权代表：　　　　　　　　　　　　　　　授权代表：

2016 年 12 月 21 日　　　　　　　　　　　2016 年 12 月 21 日

原始凭证 49-1

1401923547

山西省增值税专用发票

抵 扣 联

№ 25896314

开票日期：2016 年 12 月 22 日

税总函（2016）257 号北京印钞有限公司

| 购买方 | 名　称：华糖实业股份有限公司
纳税人识别号：150101680041112
地址、电话：呼和浩特市学苑路 88 号 0471-8862578
开户行及账号：工商银行学苑路支行 6255581811000770123 | | | | | 密码区 | <77>-6*14695784-1+ +47134377
7<42307-*62738+978*5<-6231/
78*<5/35146+6275>80-9<<*713
437777/2403/<<67-8*978*3>06 | | |

货物或应税劳务、服务名称	规格型号	单位	数量	单价	金额	税率	税额
煤		吨	2 000	400.00	800 000.00	17%	136 000.00
合　计					¥ 800 000.00		¥ 136 000.00

价税合计（大写）	⊗玖拾叁万陆仟元整	（小写）¥936 000.00

| 销售方 | 名　称：山西靖远煤业公司
纳税人识别号：140101012347691
地址、电话：大同市悦园路 26 号 0352-6653258
开户行及账号：工行悦园路支行 4236000010230001456 | 备注 | 140101012347691
发票专用章 |

收款人：　　　　复核：　　　　开票人：丁兴元　　　　销售方：（章）

第二联　抵扣联　购货方扣税凭证

原始凭证 49-2

1401923547

山西省增值税专用发票

发 票 联

№ 25896314

开票日期：2016 年 12 月 22 日

税总函（2016）257 号北京印钞有限公司

| 购买方 | 名　称：华糖实业股份有限公司
纳税人识别号：150101680041112
地址、电话：呼和浩特市学苑路 88 号 0471-8862578
开户行及账号：工商银行学苑路支行 6255581811000770123 | | | | | 密码区 | <77>-6*14695784-1+ +47134377
7<42307-*62738+978*5<-6231/
78*<5/35146+6275>80-9<<*713
437777/2403/<<67-8*978*3>06 | | |

货物或应税劳务、服务名称	规格型号	单位	数量	单价	金额	税率	税额
煤		吨	2 000	400.00	800 000.00	17%	136 000.00
合　计					¥ 800 000.00		¥ 136 000.00

价税合计（大写）	⊗玖拾叁万陆仟元整	（小写）¥936 000.00

| 销售方 | 名　称：山西靖远煤业公司
纳税人识别号：140101012347691
地址、电话：大同市悦园路 26 号 0352-6653258
开户行及账号：工行悦园路支行 4236000010230001456 | 备注 | 140101012347691
发票专用章 |

收款人：　　　　复核：　　　　开票人：丁兴元　　　　销售方：（章）

第三联　发票联　购货方记账凭证

原始凭证 49-3

1401923547　山西省增值税专用发票　№25800121

抵 扣 联

开票日期: 2016 年 12 月 22 日

税总函（2016）257 号北京印钞有限公司

购买方	名　　称: 华糖实业股份有限公司	密码区	<77>-6*14695784-1+ +47134377 7<42307-*62738+978*5<-6231/ 78*<5/35146+6275>80-9<*713 437777/2403/<<67-8*978*3>06
	纳税人识别号: 150101680041112		
	地址、电话: 呼和浩特市学苑路 88 号　0471-8862578		
	开户行及账号: 工商银行学苑路支行 6255581811000770123		

货物或应税劳务、服务名称	规格型号	单位	数量	单价	金额	税率	税额
运费					150 000.00	11%	16 500.00
合　计					￥150 000.00		￥16 500.00

价税合计（大写）	⊗壹拾陆万陆仟伍佰元整	（小写）￥166 500.00

销售方	名　　称: 山西远通运输公司	备注	140101006900131 发票专用章
	纳税人识别号: 140101006900131		
	地址、电话: 大同市武方街 6 号　0352-6653768		
	开户行及账号: 中行大同支行 212001181150		

收款人:　　　复核:　　　开票人: 李丽　　　销售方:（章）

第二联　抵扣联　购货方扣税凭证

原始凭证 49-4

1401923547　山西省增值税专用发票　№25800121

发 票 联

开票日期: 2016 年 12 月 22 日

税总函（2016）257 号北京印钞有限公司

购买方	名　　称: 华糖实业股份有限公司	密码区	<77>-6*14695784-1+ +47134377 7<42307-*62738+978*5<-6231/ 78*<5/35146+6275>80-9<*713 437777/2403/<<67-8*978*3>06
	纳税人识别号: 150101680041112		
	地址、电话: 呼和浩特市学苑路 88 号　0471-8862578		
	开户行及账号: 工商银行学苑路支行 6255581811000770123		

货物或应税劳务、服务名称	规格型号	单位	数量	单价	金额	税率	税额
运费					150 000.00	11%	16 500.00
合　计					￥150 000.00		￥16 500.00

价税合计（大写）	⊗壹拾陆万陆仟伍佰元整	（小写）￥166 500.00

销售方	名　　称: 山西远通运输公司	备注	140101006900131 发票专用章
	纳税人识别号: 140101006900131		
	地址、电话: 大同市武方街 6 号　0352-6653768		
	开户行及账号: 中行大同支行 212001181150		

收款人:　　　复核:　　　开票人: 李丽　　　销售方:（章）

第三联　发票联　购货方记账凭证

原始凭证 49–5

银行承兑汇票 2　　CA 01 03280016

出票日期（大写） 贰零壹陆 年 壹拾壹 月 零陆 日

出票人全称	江苏金太阳布业有限公司	收款人	全　称	江苏金太阳糖业公司
出票人账号	716001040012463		账　号	715301040000158
付款行全称	农行港闸支行		开户银行	通州农行港城支行

出票金额	人民币（大写） 壹佰万元整	亿	千	百	十	万	千	百	十	元	角	分
			¥	1	0	0	0	0	0	0	0	0

汇票到期日（大写）	贰零壹柒年零贰月零陆日	付款行	行号	107163
承兑协议编号			地址	南通市港城路 8 号
本汇票请你行承兑，到期无条件付款。 （江苏金太阳布业有限公司 财务专用章）（袁洪印） 出票人签章	本汇票已经承兑，到期日由本行付款 承兑行签章 承兑日期　年　月　日 备注:		复核:　记账: （中国农业银行股份有限公司 103306071639 00 汇票专用章）	

此联收款人开户行随托收凭证寄付款行作借方凭证附件

原始凭证 49–6

银行承兑汇票背书

被背书人：华糖实业股份有限公司	被背书人：山西靖远煤业公司
（江苏金太阳糖业有限公司 财务专用章）（刘刚印） 背书人签章 2016年11月20日	（华糖实业股份有限公司 财务专用章）（李东印） 背书人签章 2016年12月22日

原始凭证 49-7

华糖实业股份有限公司

材料入库单

仓库：　　　　　　　　　　　入库日期：2016 年 12 月 22 日　　　　　编号：006329

材料名称	规格型号	单位	数量		实际成本		计划成本	
			发票	实际	单价	金额	单价	金额
煤		吨	2 000	2 000				

记账　　　　　　　　　　　　保管员：齐立兴　　　　　　　　采购员：王凯

原始凭证 50-1

贷款利息通知单

账号：6255581811000770123　　　　　　　　　　　　　　2016 年 12 月 22 日

户　名	计息期	积数	利率	利息金额
内蒙古华糖实业股份有限公司	2016 年 10 月 1 日 2016 年 12 月 31 日	900 000 000.00	6%	150 000.00
人民币（大写）壹拾伍万元整				
第四季度短期借款利息		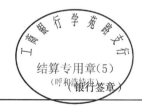		

此联由银行送单位作支款凭证

原始凭证 50-2

贷款利息通知单

账号：6255581811000770123　　　　　　　　　　　　　2016 年 12 月 22 日

户　名	计息期	积数	利率	利息金额
内蒙古华糖实业股份有限公司	2016 年 10 月 1 日 2016 年 12 月 31 日	5 000 000.00	6.8%	85 000.00
人民币（大写）捌万伍仟元整				
第四季度长期借款利息		结算专用章（5）（呼和浩特市）		
		（银行签章）		

原始凭证 51-1

中国工商银行内蒙古分行存（贷）款计息利息回单

总字第　　号
字第　　号

2016 年 12 月 23 日

借方	全称	应付活期存款利息	贷方	全称	华糖实业股份有限公司
	账号	611123101445782201		账号	6255581811000770123
	开户行	工商银行学苑路支行		开户行	工商银行学苑路支行
利息金额（大写）陆佰叁拾贰元柒角伍分				（小写）¥632.75	
利息起止日期为		由 2016 年 9 月 23 日起 2016 年 12 月 22 日止	利率		3.5%
计息本金		72 314.29		科目（借）26003001	
计息积数（借、贷）		6 508 285.72		科目（贷）20109	
备注			复核员		记账号

原始凭证 52-1

ICBC 🎗 中国工商银行 业务回单（付款）

日期：2016 年 12 月 23 日　　　　　　回单编号：92839803

付款人户名：华糖实业股份有限公司　　　　　　　　　付款人开户行：工商银行学苑路支行

付款人账号（卡号）：6255581811000770123

收款人户名：电力集团内蒙古分公司　　　　　　　　　收款人开户行：建行延安路支行

收款人账号（卡号）：2100124578965432

金额：伍仟陆百壹拾陆元整　　　　　　　　　　　　　小写：　　　¥5 616.00

业务（产品）种类：跨行付款　　凭证种类：00000000　　　凭证号码：00000000000000000000

摘要：电费　　　　　　　　　　用途：电费　　　　　　　币种：人民币

交易机构：0410000298　　　记账柜员：00023　　交易代码：52063　　渠道：其他渠道

附言：

本回单为第 1 次打印，注意重复　　打印日期：2016 年 12 月 23 日　　打印柜员：9　　验证码：4985B3E5006

原始凭证 52-2

内蒙古增值税专用发票

1500143130　　　　　　　　　　　　　　　　No 01536985

抵 扣 联　　　　　　　开票日期：2016 年 12 月 23 日

税总函（2016）257 号北京印钞有限公司

购买方	名　称：华糖实业股份有限公司 纳税人识别号：150101680041112 地址、电话：呼和浩特市学苑路 88 号　0471-8862578 开户行及账号：工商银行学苑路支行 6255581811000770123	密码区	⟨77⟩-6*14695784-1+ +47134377 7⟨42307-*62738+978*5⟨-6231/ 78*⟨5/35146+6275⟩80-9⟨⟨*713 437777/2403/⟨⟨67-8*978*3⟩06

货物或应税劳务、服务名称	规格型号	单位	数量	单价	金额	税率	税额
电		度	6 000	0.8	4 800.00	17%	816.00
合　计					¥4 800.00		¥816.00

价税合计（大写）　　⊗伍仟陆佰壹拾陆元整　　　　（小写）¥5 616.00

销售方	名　称：电力集团内蒙古分公司 纳税人识别号：150101548976110 地址、电话：延安路 2 号　0471-6911300 开户行及账号：建行延安路支行 2100124578965432	备注	

收款人：　　　　复核：　　　　开票人：金开来　　　销售方：（章）

第二联 抵扣联 购货方扣税凭证

原始凭证 52-3

内蒙古增值税专用发票

1500143130

发票联

N⍀01536985

开票日期：2016 年 12 月 23 日

税总函（2016）257 号北京印钞有限公司

		名　称：华糖实业股份有限公司
购买方		纳税人识别号：150101680041112
		地址、电话：呼和浩特市学苑路 88 号 0471-8862578
		开户行及账号：工商银行学苑路支行 6255581811000770123

密码区

〈77〉-6*14695784-1+ +47134377
7〈42307-*62738+978*5〈-6231/
78*〈5/35146+6275〉80-9〈〈*713
437777/2403/〈〈67-8*978*3〉06

第三联 发票联 购货方记账凭证

货物或应税劳务、服务名称	规格型号	单位	数量	单价	金额	税率	税额
电		度	6 000	0.8	4 800.00	17%	816.00
合　计					¥ 4 800.00		¥ 816.00

价税合计（大写）　⊗伍仟陆佰壹拾陆元整　（小写）¥5 616.00

销售方	名　称：电力集团内蒙古分公司
	纳税人识别号：150101548976110
	地址、电话：延安路 2 号 0471-6911300
	开户行及账号：建行延安路支行 2100124578965432

150101548976110
发票专用章

收款人：　　复核：　　开票人：金开来　　销售方：（章）

原始凭证 52-4

ICBC 中国工商银行　业务回单（付款）

日期：2016 年 12 月 23 日　　回单编号：92838651

付款人户名：华糖实业股份有限公司　　　　　　　　　付款人开户行：工商银行学苑路支行

付款人账号（卡号）：6255581811000770123

收款人户名：内蒙古天河水务公司　　　　　　　　　　收款人开户行：中国银行建设路营业部

收款人账号（卡号）：150826629382

金额：叁万壹仟柒佰伍拾元整　　　　　　　　　　　　小写：¥31 750.00

业务（产品）种类：跨行付款　　凭证种类：00000000　结算专用章（5）　凭证号码：00000000000000000000

摘要：水费　　　　　　　　　用途：水费　（呼和浩特市）　　　币种：人民币

交易机构：0410000298　　记账柜员：00023　　交易代码：52063　　渠道：其他渠道

附言：

本回单为第 1 次打印，注意重复　打印日期：2016 年 12 月 23 日　打印柜员：9　验证码：4985B3E5006

197

原始凭证 52-5

内蒙古增值税专用发票

1500143130

抵扣联

N<u>o</u>01521456

开票日期：2016 年 12 月 23 日

购买方	名　称：华糖实业股份有限公司
	纳税人识别号：150101680041112
	地址、电话：呼和浩特市学苑路 88 号　0471-8862578
	开户行及账号：工商银行学苑路支行 6255581811000770123

密码区：<77>-6*14695784-1+ +47134377
7<42307-*62738+978*5<-6231/
78*<5/35146+6275>80-9<<*713
437777/2403/<<67-8*978*3>06

货物或应税劳务、服务名称	规格型号	单位	数量	单价	金额	税率	税额
水费		吨	5 000	5.00	25 000.00	11%	2 750.00
合　计					¥25 000.00		¥2 750.00

价税合计（大写）：⊗贰万柒仟柒佰伍拾元整　（小写）¥27 750.00

销售方	名　称：内蒙古天河水务公司
	纳税人识别号：150102665811014
	地址、电话：建设路 38 号　0471-4199006
	开户行及账号：中国银行建设路营业部 150826629382

备注：内蒙古天河水务公司 150102665811014 发票专用章

收款人：　复核：　开票人：吴志刚　销售方：（章）

第二联 抵扣联 购货方扣税凭证

原始凭证 52-6

内蒙古增值税专用发票

1500143130

发票联

N<u>o</u>01521456

开票日期：2016 年 12 月 23 日

购买方	名　称：华糖实业股份有限公司
	纳税人识别号：150101680041112
	地址、电话：呼和浩特市学苑路 88 号　0471-8862578
	开户行及账号：工商银行学苑路支行 6255581811000770123

密码区：<77>-6*14695784-1+ +47134377
7<42307-*62738+978*5<-6231/
78*<5/35146+6275>80-9<<*713
437777/2403/<<67-8*978*3>06

货物或应税劳务、服务名称	规格型号	单位	数量	单价	金额	税率	税额
水费		吨	5 000	5.00	25 000.00	11%	2 750.00
合　计					¥25 000.00		¥2 750.00

价税合计（大写）：⊗贰万柒仟柒佰伍拾元整　（小写）¥27 750.00

销售方	名　称：内蒙古天河水务公司
	纳税人识别号：150102665811014
	地址、电话：建设路 38 号　0471-4199006
	开户行及账号：中国银行建设路营业部 150826629382

备注：内蒙古天河水务公司 150102665811014 发票专用章

收款人：　复核：　开票人：吴志刚　销售方：（章）

第三联 发票联 购货方记账凭证

原始凭证 52-7

1500143130

内蒙古增值税普通发票

发票联

№ 01532147

开票日期：2016 年 12 月 23 日

税总函（2016）257 号北京印钞有限公司

购买方	名　　称：华糖实业股份有限公司	密码区	⟨77⟩-6*14695784-1+ +47134377 7⟨42307-*62738+978*5⟨-6231/ 78*⟨5/35146+6275⟩80-9⟨⟨*713 437777/2403/⟨⟨67-8*978*3⟩06
	纳税人识别号：150101680041112		
	地址、电话：呼和浩特市学苑路 88 号 0471-8862578		
	开户行及账号：工商银行学苑路支行 6255581811000770123		

货物或应税劳务、服务名称	规格型号	单位	数量	单价	金额	税率	税额
污水处理费		吨	5 000	0.8	4 000.00	免税	***
合　计							

价税合计（大写）	⊗ 肆仟元整		（小写）¥4 000.00

销售方	名　　称：内蒙古天河水务公司	备注	污水处理费收入免征增值税，已接规定办理征前减免手续。 150102665811014
	纳税人识别号：150102665811014		
	地址、电话：建设 38 号 0471-4199006		
	开户行及账号：中国银行建设路营业部 150826629382		

第二联 发票联 购货方记账凭证

收款人：　　　　复核：　　　　开票人：吴志刚　　　　销售方：（章）

原始凭证 53-1

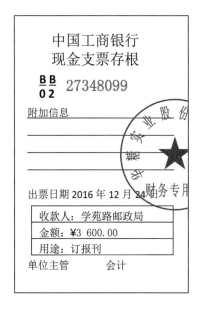

中国工商银行
现金支票存根

BB 02　27348099

附加信息

出票日期 2016 年 12 月 24 日

收款人：学苑路邮政局
金额：¥3 600.00
用途：订报刊

单位主管　　　会计

原始凭证 53-2

1500143130

内蒙古增值税专用发票

内蒙古

抵扣联

N⃝01525874

开票日期: 2016 年 12 月 24 日

购买方	名　　　称： 华糖实业股份有限公司					密码区	〈77〉-6*14695784-1+ +47134377 7〈42307-*62738+978*5〈-6231/ 78*〈5/35146+6275〉80-9〈〈*713 437777/2403/〈〈67-8*978*3〉06			第二联 抵扣联 购货方扣税凭证
	纳税人识别号： 150101680041112									
	地址、电话： 呼和浩特市学苑路 88 号 0471-8862578									
	开户行及账号： 工商银行学苑路支行 6255581811000770123									
货物或应税劳务、服务名称	规格型号	单位	数量	单价			金额	税率	税额	
报刊							3 243.24	11%	356.76	
合　计							¥ 3 243.24		¥ 356.76	
价税合计（大写）	⊗叁仟陆佰元整						（小写）¥3 600.00			
销售方	名　　　称： 学苑路邮政局					备注	学苑路邮政局 150102789001145 发票专用章			
	纳税人识别号： 150102789001145									
	地址、电话： 学苑路 1 号 0471-6963027									
	开户行及账号： 中行学苑路营业部 213654784115255									

收款人：　　　　　复核：　　　　　开票人： 张璐　　　　销售方：（章）

原始凭证 53-3

1500143130

内蒙古增值税专用发票

内蒙古

发票联

N⃝01525874

开票日期: 2016 年 12 月 24 日

购买方	名　　　称： 华糖实业股份有限公司					密码区	〈77〉-6*14695784-1+ +47134377 7〈42307-*62738+978*5〈-6231/ 78*〈5/35146+6275〉80-9〈〈*713 437777/2403/〈〈67-8*978*3〉06			第三联 发票联 购货方记账凭证
	纳税人识别号： 150101680041112									
	地址、电话： 呼和浩特市学苑路 88 号 0471-8862578									
	开户行及账号： 工商银行学苑路支行 6255581811000770123									
货物或应税劳务、服务名称	规格型号	单位	数量	单价			金额	税率	税额	
报刊							3 243.24	11%	356.76	
合　计							¥ 3 243.24		¥ 356.76	
价税合计（大写）	⊗叁仟陆佰元整						（小写）¥3 600.00			
销售方	名　　　称： 学苑路邮政局					备注	学苑路邮政局 150102789001145 发票专用章			
	纳税人识别号： 150102789001145									
	地址、电话： 学苑路 1 号 0471-6963027									
	开户行及账号： 中行学苑路营业部 213654784115255									

收款人：　　　　　复核：　　　　　开票人： 张璐　　　　销售方：（章）

原始凭证 53-4

华糖实业股份有限公司
费用报销单

部门：行政部　　　　　　　　　　　2016 年 12 月 24 日

报销金额	（大写）叁仟陆佰元整		（小写）¥ 3 600.00		
开支内容	订 2017 年报刊费				
总经理		财务负责人	部门负责人	实务保管、验收人	经办人
		计入当期费用 刘丽	赵亮		洪小文
说明：管理部门订					

原始凭证 54-1

代销清单

2016 年 12 月 25 日

名称	单位	代销数量	实销数量	销售单价	金额	税额	代销手续费
绵白糖	吨	100	60	5 900.00	354 000.00	60 180.00	35 400.00
合计	吨	100	60	5 900.00	354 000.00	60 180.00	35 400.00

205

原始凭证 54-2

委托代销协议

委托方（以下称甲方）：华糖实业股份有限公司
受托方（以下称乙方）：恒康食品公司

一、合同标的
1. 商品名称：绵白糖
2. 商品规格质量：国标一级（按 GB317-2006 标准执行）。
3. 包装：外编织袋内衬薄膜袋包装，每袋 25 公斤。
4. 商品数量：4 000 袋（100 吨）。
5. 商品售价：5 900 元 / 吨（不含税价）
6. 货款总计：伍拾玖万元整（¥590 000.00）
二、付款方式
电汇结算方式，由乙方于收到甲方开来增值税抵扣发票后付款。
三、委托销售形式
采用收取代销手续费方式，手续费收取比例为不含税货款的 10%。售价由甲方在发货时确定，乙方不得随意调整售价。运费由甲方负责。

本协议壹式贰份，甲、乙双方各执壹份，本合同在甲、乙双方签字盖章后成立。

甲方（公章）   乙方（公章）

授权代表：   授权代表：
2016 年 11 月 5 日   2016 年 11 月 5 日

原始凭证 54-3

ICBC 中国工商银行　业务回单（收款）

日期：2016 年 12 月 25 日　　　　　回单编号：92809218

付款人户名：恒康食品公司	付款人开行行：工商银行铁路支行
付款人账号（卡号）：6255582133000690367	
收款人户名：华糖实业股份有限公司	收款人开行行：工商银行学苑路支行
收款人账号（卡号）：6255581811000770123	
金额：叁拾柒万陆仟陆佰伍拾陆元整	小写：¥376 656.00
业务（产品）种类：同行付款　　凭证种类：00000000	凭证号码：0000000000000000000
摘要：货款　　用途：货款	币种：人民币
交易机构：0410000298　记账柜员：00023　交易代码：12691	渠道：其他渠道
附言：	

本回单为第 1 次打印，注意重复　　打印日期：2016 年 12 月 25 日　　打印柜员：9　　验证码：4985B3E5169

原始凭证 54-4

1500143130

内蒙古增值税专用发票

记 账 联

№01510781

开票日期: 2016 年 12 月 25 日

购买方	名　　　称: 恒康食品公司
	纳税人识别号: 150101670052122
	地址、电话: 兴安路 28 号 0471-6852363
	开户行及账号: 工商银行铁路支行 6255582133000690367

密码区: <77>-6*14695784-1+ +47134377 7<42307-*62738+978*5<-6231/ 78*<5/35146+6275>80-9<<*713 437777/2403/<<67-8*978*3>06

货物或应税劳务、服务名称	规格型号	单位	数量	单价	金额	税率	税额
绵白糖		吨	60	5 900.00	354 000.00	17%	60 180.00
合　计					¥354 000.00		¥60 180.00

价税合计 (大写)	⊗肆拾壹万肆仟壹佰捌拾元整	(小写) ¥414 180.00

销售方	名　　　称: 华糖实业股份有限公司
	纳税人识别号: 150101680041112
	地址、电话: 呼和浩特市学苑路 88 号 0471-8862578
	开户行及账号: 工商银行学苑路支行 6255581811000770123

备注

华糖实业股份有限公司
150101680041112
发票专用章

第一联 记账联 销货方记账凭证

收款人:　　　　　复核:　　　　　开票人: 李志刚　　　　销售方: (章)

原始凭证 54-5

1500143130

内蒙古增值税专用发票

抵 扣 联

№03541478

开票日期: 2016 年 12 月 25 日

购买方	名　　　称: 华糖实业股份有限公司
	纳税人识别号: 150101680041112
	地址、电话: 呼和浩特市学苑路 88 号 0471-8862578
	开户行及账号: 工商银行学苑路支行 6255581811000770123

密码区: <77>-6*14695784-1+ +47134377 7<42307-*62738+978*5<-6231/ 78*<5/35146+6275>80-9<<*713 437777/2403/<<67-8*978*3>06

货物或应税劳务、服务名称	规格型号	单位	数量	单价	金额	税率	税额
代销手续费					35 400.00	6%	2 124.00
合　计					¥35 400.00		¥2 124.00

价税合计 (大写)	⊗叁万柒仟伍佰贰拾肆元整	(小写) ¥37 524.00

销售方	名　　　称: 恒康食品公司
	纳税人识别号: 150101670052122
	地址、电话: 兴安路 28 号 0471-6852363
	开户行及账号: 工商银行铁路支行 6255582133000690367

备注

恒康食品公司
150101670052122
发票专用章

第二联 抵扣联 购货方扣税凭证

收款人:　　　　　复核:　　　　　开票人: 贾丽　　　　销售方: (章)

原始凭证 54-6

内蒙古增值税专用发票

1500143130

No 03541478

发 票 联

开票日期: 2016 年 12 月 25 日

税总函（2016）257 号北京印钞有限公司

购买方	名　　称：	华糖实业股份有限公司					密码区	<77>-6*14695784-1+ +47134377 7<42307-*62738+978*5<-6231/ 78*<5/35146+6275>80-9<<*713 437777/2403/<<67-8*978*3>06		
	纳税人识别号：	150101680041112								
	地址、电话：	呼和浩特市学苑路 88 号　0471-8862578								
	开户行及账号：	工商银行学苑路支行 6255581811000770123								
货物或应税劳务、服务名称	规格型号	单位	数量	单价	金额	税率	税额
代销手续费					35 400.00	6%	2 124.00
合　计					¥35 400.00		¥2 124.00
价税合计（大写）	⊗ 叁万柒仟伍佰贰拾肆元整				（小写）¥37 524.00		
销售方	名　　称：	恒康食品公司				备注	
	纳税人识别号：	150101670052122					
	地址、电话：	兴安路 28 号　0471-6852363					
	开户行及账号：	工商银行铁路支行 6255582133000690367					

收款人：　　　　　复核：　　　　　开票人：贾丽　　　　　销售方：（章）

第三联　发票联　购货方记账凭证

原始凭证 55-1

工资结算汇总表

2016 年 12 月　　　　　　　　　　单位：元

部　门		基本工资	岗位工资	绩效工资	病事假扣款	应付工资
制糖车间	白砂糖	23 900.00	13 750.00	34 480.00	230.00	71 900.00
	绵白糖	22 500.00	12 750.00	32 250.00	200.00	67 300.00
	管理人员	9 500.00	7 600.00	11 400.00		28 500.00
颗粒粕车间——颗粒粕		17 600.00	12 030.00	23 580.00	210.00	53 000.00
酒精车间——食用酒精		17 330.00	12 780.00	21 990.00		52 100.00
供热车间		13 610.00	11 680.00	15 730.00	160.00	40 860.00
供电车间		11 640.00	8 130.00	15 230.00		35 000.00
管理部门		51 130.00	39 060.00	63 590.00	280.00	153 500.00
销售部		25 320.00	18 600.00	32 040.00		75 960.00
合　计		192 530.00	136 380.00	250 290.00	1 080.00	578 120.00

原始凭证 56-1

社保费计提汇总表

2016 年 12 月

单位：元

部门		上年平均工资	养老保险（1）	医疗保险（2）	失业保险（3）	住房公积金（4）	工资总额	职教费（5）	合计
制糖车间	白砂糖 16 人								
	绵白糖 15 人								
	管理人员 5 人								
颗粒粕车间	12 人								
酒精车间	10 人								
供热车间	9 人								
供电车间	8 人								
管理部门	30 人								
销售部	15 人								
合 计	120 人								

注：经社保核定，上年度本单位职工月平均工资为 4 200 元。

原始凭证 57-1

内蒙古增值税普通发票

1500143130　　　　　　记账联　　　　　No.01510782

开票日期：2016 年 12 月 26 日

税总函（2016）257 号北京印钞有限公司

购买方	名　称：伊利锡林浩特牧场 纳税人识别号：150103111000654 地址、电话：锡林浩特市经济技术开发区 3 号 0479-234522 开户行及账号：农行锡林浩特支行 6001120001 2345963	密码区	<77>-6*14695784-1+ +47134377 7<42307-*62738+978*5<-6231/ 78*<5/35146+6275>80-9<<*713 437777/2403/<<67-8*978*3>06

货物或应税劳务、服务名称	规格型号	单位	数量	单价	金额	税率	税额
颗粒粕		吨	1 150	1 100.00	1 265 000.00	免税	***
合　计					¥1 265 000.00		

价税合计（大写）　⊗壹佰贰拾陆万伍仟元整　　　　（小写）¥1 265 000.00

销售方	名　称：华糖实业股份有限公司 纳税人识别号：150101680041112 地址、电话：呼和浩特市学苑路 88 号 0471-8862578 开户行及账号：工商银行学苑路支行 6255581811000770123	备注	华糖实业股份有限公司 150101680041112 发票专用章

第一联 记账联 销货方记账凭证

收款人：　　　复核：　　　开票人：李志刚　　　销售方：（章）

原始凭证 57-2

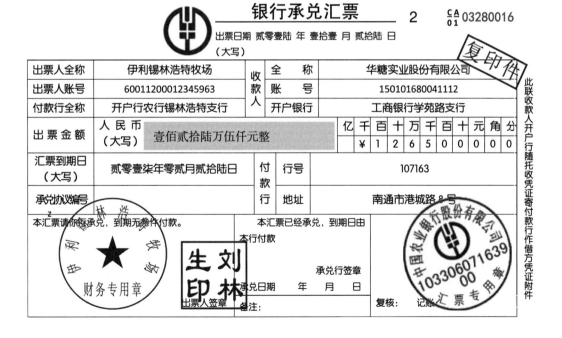

银行承兑汇票

2　CA01 03280016　复印件

出票日期 贰零壹陆 年 壹拾壹 月 贰拾陆 日（大写）

出票人全称	伊利锡林浩特牧场	收款人	全　称	华糖实业股份有限公司
出票人账号	6001120001 2345963		账　号	150101680041112
付款行全称	开户行农行锡林浩特支行		开户银行	工商银行学苑路支行

出票金额	人民币（大写）　壹佰贰拾陆万伍仟元整	亿 千 百 十 万 千 百 十 元 角 分 ¥ 1 2 6 5 0 0 0 0 0

汇票到期日（大写）	贰零壹柒年零贰月贰拾陆日	付款行	行号	107163
承兑协议编号			地址	南通市港城路 8 号

本汇票请你行承兑，到期无条件付款。

伊利锡林浩特牧场 财务专用章
刘林生印（出票人签章）

本汇票已经承兑，到期日由本行付款
承兑行签章
承兑日期　年　月　日
备注：

中国农业银行股份有限公司 10330607163900 记账汇票专用章
复核：

此联收款人开户行随托收凭证寄付款行作借方凭证附件

原始凭证 58-1

<u>华糖实业股份有限公司</u>

交货部门：

产品出库单

购货单位：发放职工福利　　　　　2016 年 12 月 21 日　　　　　NO.0006517

产品编号	产品名称	规格	单位	数量	单价	金额
301	白砂糖		吨	2	5 500.00	11 000.00
合　计						11 000.00

保管：王新强

原始凭证 58-2

<u>华糖实业股份有限公司</u>

交货部门：

产品出库单

购货单位：发放职工福利　　　　　2016 年 12 月 21 日　　　　　NO.0006516

产品编号	产品名称	规格	单位	数量	单价	金额
302	绵白糖		吨	2	5 900.00	11 800.00
合　计						11 800.00

保管：王新强

原始凭证 58-3

非货币性福利发放明细表

2016 年 12 月

部　门		金　额
制糖车间	白砂糖	3 556.00
	绵白糖	3 300.00
	管理人员	1 100.00
颗粒粕车间		2 640.00
酒精车间		2 200.00
供热车间		1 980.00
供电车间		1 760.00
管理部门		6 800.00
销售部门		3 340.00
合　计		26 676.00

原始凭证 59-1

ICBC图 中国工商银行　业务回单（付款）

日期：2016 年 12 月 27 日　　　　　　　回单编号：92836501

付款人户名：华糖实业股份有限公司	付款人开户行：工商银行学苑路支行
付款人账号（卡号）：6255581811000770123	
收款人户名：呼和浩特市职工体检中心	收款人开户行：建行文化路支行
收款人账号（卡号）：2100124500113299	
金额：柒万贰仟元整	小写：¥72 000.00
业务（产品）种类：跨行付款	凭证种类：00000000	凭证号码：00000000000000000000
摘要：体检费	用途：体检费	币种：人民币
交易机构：0410000298	记账柜员：00023　　交易代码：52063	渠道：其他渠道
附言：	

本回单为第 1 次打印，注意重复　　打印日期：2016 年 12 月 27 日　　打印柜员：9　　验证码：4985B3E5006

原始凭证 59-2

内蒙古增值税普通发票

1500143130　　　　　　　　　　　发 票 联　　　　№01533852

开票日期：2016 年 12 月 27 日

购买方	名　　称：华糖实业股份有限公司 纳税人识别号：150101680041112 地址、电话：呼和浩特市学苑路 88 号　0471-8862578 开户行及账号：工商银行学苑路支行 6255581811000770123	密码区	〈77〉-6*14695784-1+ +47134377 7〈42307-*62738+978*5〈-6231/ 78*〈5/35146+6275〉80-9〈〈*713 437777/2403/〈〈67-8*978*3〉06

货物或应税劳务、服务名称	规格型号	单位	数量	单价	金额	税率	税额
体检费					67 924.53	6%	4 075.47
合　计					￥67 924.53		￥4 075.47

价税合计（大写）	⊗柒万贰仟元整	（小写）¥72 000.00

销售方	名　　称：呼和浩特市职工体检中心 纳税人识别号：150102456987112 地址、电话：文化路 9 号　0471-6516870 开户行及账号：建行文化路支行 2100124500113299	备注	

税总函（2016）257 号北京印钞有限公司

第二联　发票联　购货方记账凭证

收款人：　　　　复核：　　　　开票人：高荣　　　　销售方：（章）

原始凭证 59-3

体检费明细表　　2016 年 12 月

部门		金额
制糖车间	白砂糖	8 400.00
	绵白糖	8 200.00
	管理人员	3 000.00
颗粒粕车间		6 900.00
酒精车间		5 800.00
供热车间		5 100.00
供电车间		4 600.00
管理部门		21 000.00
销售部门		9 000.00
合　计		72 000.00

原始凭证 60-1

华糖实业股份有限公司
费用报销单

部门：销售部　　　　　2016 年 12 月 28 日

报销金额	（大写）贰仟陆佰捌拾元整		（小写）¥2 680.00		
开支内容	餐费				
总经理	现金付讫 财务负责人 刘丽	部门负责人 丁力	实务保管、验收人	经办人 王毅	
说明：					

原始凭证 60-2

1500143130

内蒙古增值税普通发票

发 票 联

No01523896

开票日期：2016 年 12 月 28 日

购买方	名　称：华糖实业股份有限公司
	纳税人识别号：150101680041112
	地址、电话：呼和浩特市学苑路 88 号　0471-8862578
	开户行及账号：工商银行学苑路支行 6255581811000770123

密码区
〈77〉-6*14695784-1+ +47134377
7〈42307-*62738+978*5〈-6231/
78*〈5/35146+6275〉80-9〈〈*713
437777/2403/〈〈67-8*978*3〉06

货物或应税劳务、服务名称	规格型号	单位	数量	单价	金额	税率	税额
餐费					2 528.30	6%	151.70
合　计					￥2 528.30		￥151.70
价税合计（大写）	⊗贰仟陆百捌拾元整				（小写）￥2 680.00		

销售方	名　称：五芳斋大酒店
	纳税人识别号：150102654328511
	地址、电话：前进大街 15 号　0471-6528760
	开户行及账号：工商银行小昭支行 6112111001478965410

备注
五芳斋大酒店
150102654328511
发票专用章

收款人：　　　　　复核：　　　　　开票人：伊丽娜　　　　　销售方：（章）

税总函（2016）257 号北京印钞有限公司

第二联 发票联 购货方记账凭证

原始凭证 61-1

华糖实业股份有限公司
固定资产验收单
2016 年 12 月 28 日

资产信息	资产名称		规格型号	单位	数量	来源	资产状态
	厂房			座	1	自行建造	全新
支付情况	买入或自建	设备费	材料费	安装费	借款利息	工程费	合　计
		—	2 520 000.00	—	510 000.00	1 020 000.00	405 万元
	融资租入	合同价	设备公允价	设备安装费	附加费	其他	入账价值
		—	—	—	—	—	—
管理部门	编号	类别	折旧年限	预计残值率	移交单位	接交单位	使用部门
	GZ0005	房屋建筑物	20 年	5%			制糖车间

原始凭证 62-1

1500143130

内蒙古增值税专用发票

No.01510783

记 账 联

开票日期：2016 年 12 月 29 日

税总函（2016）257 号北京印钞有限公司

| 购买方 | 名　称：内蒙古建设工程集团
纳税人识别号：150430190983457
地址、电话：呼市金川开发区金山大道 2 号 0471-4300323
开户行及账号：中信银行 11002558863702200588 | 密码区 | 〈77〉-6*14695784-1+ +47134377
7〈42307-*62738+978*5〈-6231/
78*〈5/35146+6275〉80-9〈〈*713
437777/2403/〈〈67-8*978*3〉06 |

第一联 记账联 销货方记账凭证

货物或应税劳务、服务名称	规格型号	单位	数量	单价	金额	税率	税额
水泥		吨	50	330.00	16 500.00	17%	2 805.00
合　计					¥16 500.00		¥2 805.00

| 价税合计（大写） | ⊗壹万玖仟叁佰零五元整 | （小写）¥19 305.00 |

| 销售方 | 名　称：华糖实业股份有限公司
纳税人识别号：150101680041112
地址、电话：呼和浩特市学苑路 88 号 0471-8862578
开户行及账号：工商银行学苑路支行 6255581811000770123 | 备注 | 150101680041112 |

收款人：　　　复核：　　　开票人：李志刚　　　销售方：（章）

原始凭证 62-2

领 料 单

NO.7325502

领料部门：销售部
用　途：出售　　　2016 年 12 月 29 日

编号	品名	规格型号	单位	请领	实发	计划价格单价	计划价格总价	实际价格单价	实际价格总价
501	水泥		吨	50	50			320.00	16 000.00
合　计								320.00	16 000.00

发料：齐立兴　　　　　　　　　领料：李强

原始凭证 63-1

内蒙古增值税电子普通发票

发票代码: 015006100333
发票号码: 00497333
开票日期: 2016 年 12 月 29 日
校验码: 55104 92743 41632 81985

机器编号: 661307849553

购买方	名　称: 华糖实业股份有限公司 纳税人识别号: 150101680041112 地址、电话: 呼和浩特市学苑路 88 号　0471-8862578 开户行及账号: 工商银行学苑路支行 6255581811000770123	密码区	<77>-6*14695784-1+ +47134377 7<42307-*62738+978*5<-6231/ 78*<5/35146+6275>80-9<<*713 437777/2403/<<67-8*978*3>06
货物或应税劳务、服务名称	规格型号	单位	数量	单价	金额	税率	税额

货物或应税劳务、服务名称	规格型号	单位	数量	单价	金额	税率	税额
检验费					155 339.81	3%	4 660.19
合　计					¥155 339.81		¥4 660.19
价税合计 (大写)	⊗壹拾陆万元整				(小写) ¥160 000.00		

销售方	名　称: 内蒙古糖研所 纳税人识别号: 150101685732215 地址、电话: 呼和浩特市乌兰察布东路 135 号　0471-4903823 开户行及账号: 建设银行乌兰察布路支行　2334892259000321123

收款人: 王娟　　　复核: 李燕　　　开票人: 董红丽　　　销售方: (章)

原始凭证 63-2

付款申请单

申请部门: 研发部　　　　　　2016 年 12 月 29 日

收款单位名称	内蒙古糖研所	付款方式	转账支票
本次付款金额	大写: 壹拾陆万元整	小写	¥160 000.00
收款单位开户行	建行呼和浩特分行营业部	账号	9385581811000115679
付款事由	支付新产品研究检验费用	经办人	孟志

总经理: 李浩东　　　部门负责人: 李洁　　　财务负责人: 刘丽

原始凭证 63-3

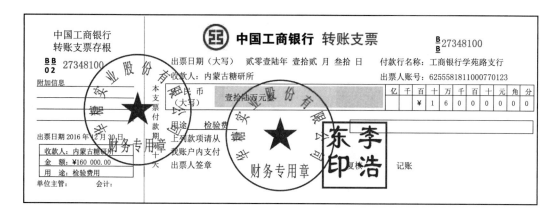

中国工商银行
转账支票存根

BB
02　27348100

附加信息

中国工商银行　转账支票

BB
B　27348100

出票日期（大写）　贰零壹陆年　壹拾贰　月　叁拾　日

收款人：内蒙古糖研所

付款行名称：工商银行学苑路支行

出票人账号：6255581811000770123

人民币
（大写）　壹拾陆万元整

亿	千	百	十	万	千	百	十	元	角	分
		¥	1	6	0	0	0	0	0	0

用途：检验费

上列款项请从
我账户内支付
出票人签章

出票日期 2016 年 12 月 30 日

收款人：	内蒙古糖研所
金　额：	¥160 000.00
用　途：	检验费用
单位主管：	会计：

复核　记账

李浩

原始凭证 64-1

ICBC 中国工商银行　业务回单（收款）

日期：2016 年 12 月 29 日　　　　回单编号：92838864

付款人户名：国泰君安证券公司　　　　　　　　　　付款人开户行：浦发银行洪城支行

付款人账号（卡号）：793211054711588

收款人户名：华糖实业股份有限公司　　　　　　　　收款人开户行：工商银行学苑路支行

收款人账号（卡号）：6255581811000770123

金额：壹仟柒佰肆拾陆万元整　　　　　　　　　　　小写：¥17 460 000.00

业务（产品）种类：跨行付款　　　凭证种类：00000000　　　凭证号码：00000000000000000000

摘要：配股资金　　　　　　　　　用途：配股资金　　　　　　　　　币种：人民币

交易机构：0410000298　　　记账柜员：00023　　　交易代码：52069　　　渠道：其他渠道

附言：

本回单为第 1 次打印，注意重复　　打印日期：2016 年 12 月 29 日　　打印柜员：9　　验证码：4985B3E5006

原始凭证 64-2

证券代码：600090   证券简称：华糖实业   编号：临 2016-052

华糖实业股份有限公司
第六届董事会第三十次会议决议公告

华糖实业股份有限公司第六届董事会于 2016 年 8 月 11 日以通信表决方式召开第三十次会议，应出席董事 5 人，实际出席董事 5 人，符合《公司法》及《公司章程》的有关规定，会议审议并一致通过《关于明确公司 2016 年度配股募集资金的议案》：

1. 配股发行股票类型：人民币普通股（A 股）。
2. 每股面值：1.00 元。
3. 配股比例及数量：以年初股份总数 5 000 万股为基数，每 10 股配 1 股。
4. 配股价格：3.60 元 / 股。
5. 本次配股承销商为国泰君安证券公司，承销费为总价的 3%。

（表决结果：同意 5 票，反对 0 票，弃权 0 票）

特此公告
华糖实业股份有限公司董事会
2016 年 8 月 12 日

配股批准文件（略）
配股承销协议（略）

原始凭证 65-1

一般报告书

所　属	咖啡伴侣糖研发组		报告日期	2016.12.30	
分发处			报 告 人	战珈瑾	
主　题	咖啡伴侣糖技术投入使用				
具体说明：					
咖啡伴侣糖研发已经完成，并经内蒙古糖研所检验合格，达到国家及欧盟糖类认证标准，准备投入使用并进行批量生产。					
文档编号	10001				
安全等级	机密		保存年限	永久	
起草部门	华糖实业股份有限公司技术研发部				
审批流程	研发员	技术总监		财务总监	总经理
	战珈瑾	李潇		应丽珠	李浩东
	完	完		完	完

原始凭证 65-2

咖啡伴侣糖技术研发费用清单

2016 年 12 月 30 日

费用支出的时间	支出内容	支出金额	备注
2016.11.15	模具开发费	204 000.00	资本化支出
2016.12.13	购买样品	3 000.00	费用化支出
2016.12.30	咖啡伴侣糖技术	160 000.00	资本化支出
小　计		367 000.00	

项目负责人：战珈瑾　　　　　　　经办人：江涛

原始凭证 66-1

民事起诉状

原告：包头华资实业股份有限公司，住所地：包头市东河区红星大街 185 号。

法定代表人：刘瑞，公司总经理。

被告：华糖实业股份有限公司，住所地：呼和浩特市学苑路 88 号。

法定代表人：李浩东，公司总经理。

诉讼请求：

1. 判令被告赔偿损失人民币 25 万元；

2. 被告立即停止使用和我公司注册商标相近似的商标。

事实和理由：

2016 年 5 月开始，我公司白砂糖、绵白糖两种产品的销售量急剧下降，经过市场调研人员的调研发现，导致上述两种产品销售量急剧下降的主要原因是，从 2016 年 5 月开始，华糖实业公司销售的白砂糖、绵白糖两种产品包装袋上使用了与我公司注册商标相近似的商标，导致消费者购买时将两个公司的产品混淆，使得我公司每月销售额急剧下降，据统计，到诉讼前该行为对我公司的利润影响累计为人民币 25 万元。

被告的行为严重影响了我公司的正常经营，侵犯了我公司注册商标权。

原告认为，被告的行为是对原告合法权益的侵犯，导致的经济损失被告应依法承担赔偿责任。故原告依法诉于贵院，敬请明查公断，判如所求。

此致

呼和浩特市新城区人民法院

起诉人：包头华资实业股份有限公司

2016 年 11 月 15 日

233

原始凭证 66-2

呼和浩特市新城区人民法院

传 票

案 号	（2016）内 0102 字第 2275 号
案 由	注册商标侵权损害赔偿纠纷
被传唤人	华糖实业股份有限公司
送达地址	本院
传唤事由	开庭
应到时间	2017 年 1 月 5 日下午 3:00
应到场所	第五法庭

注意事项：

1. 被传唤人必须准时到达应到场所。

2. 原告收到本传票后无正当理由拒不到庭，人民法院可以按撤诉处理；被告收到本传票后无正当理由拒不到庭，人民法院可以根据原告的诉讼请求及双方已经提交给法庭的证据材料缺席判决。

3. 适用简易程序审理的民事案件可以当庭宣判。当庭宣判的，人民法院可以当庭送达裁判文书；当庭不能送达的，人民法院将当庭告知当事人领取裁判文书的时间和地点，逾期不来领取的，不影响上述期间的计算。

4. 开庭前三日到审判庭进行征集交换并领取合议庭组成人员通知。

2016 年 12 月 31 日

原始凭证 67-1

无形资产摊销计算表

2016 年 12 月 31 日

资产名称	资产原值	使用寿命（月）	已摊销月	已摊销金额	本月应摊销金额
商标权		72			

原始凭证 68-1

水电费分配表

2016 年 12 月 31 日　　　　　　　　　　　单位：元

部门	水费			外电			金额合计
	数量（吨）	单价	金额	数量（度）	单价	金额	
制糖车间	3 000		15 000.00	400		320.00	15 320.00
颗粒粕车间	40		200.00	300		240.00	440.00
酒精车间	300		1 500.00	350		280.00	1 780.00
供热车间	1 500		7 500.00	4 500		3 600.00	11 100.00
供电车间	100		500.00	200		160.00	660.00
管理部门	30		150.00	150		120.00	270.00
销售部	30		150.00	100		80.00	230.00
合　计	5 000	5.00	25 000.00	6 000	0.80	4 800.00	29 800.00

原始凭证 69-1

华糖实业股份有限公司
固定资产折旧计提计算表

2016 年 12 月 31 日

单位：元

资产类别	年限	残值率	月折旧率		制糖车间	颗粒粕车间	酒精车间	供热车间	供电车间	销售部门	管理部门	合 计
房屋建筑物	20 年	5%		原值	2 420 000.00	2 000 000.00	3 100 000.00	800 000.00	600 000.00	500 000.00	780 000.00	10 200 000.00
				折旧额								
机器设备	10 年	5%		原值	3 200 000.00	3 600 000.00	2 300 000.00	98 000.00	1 200 000.00	—	—	10 398 000.00
				折旧额								
电子产品	3 年	5%		原值	64 440.17	65 000.00	78 000.00	53 000.00	55 000.00	50 000.00	54 000.00	419 440.17
				折旧额								
交通工具	4 年	5%		原值	—	—	—	500 000.00	350 000.00	56 000.00	1 900 000.00	2 806 000.00
				折旧额								
合 计	—	—		原值	5 684 440.17	5 665 000.00	5 478 000.00	1 451 000.00	2 205 000.00	606 000.00	2 734 000.00	23 823 440.17
				折旧额								

审核：　　　　记账：　　　　制单：

注：月折旧率用百分比表示，保留 3 位小数。

原始凭证 70-1

华糖实业股份有限公司
投资性房地产折旧计提表

2016 年 12 月 31 日 　　　　　　　　　　　　单位：元

资产名称	资产原值	使用寿命	月折旧率	已计提金额	本月计提金额	备注
写字楼	48 000 000	20 年	0.396%	11 404 800	190 080	残值 5%
合　计	48 000 000	240 个月	60 个月	11 404 800	190 080	

会计主管： 　　　　　　　　审核： 　　　　　　　　制表：

原始凭证 71-1

材料成本差异率计算表
2016 年 12 月 31 日 　　　　　　　　　　　　单位：元

材料名称	月初结存		本月购入		合计		差异率（%）
	计划成本	差异额	计划成本	差异额	计划成本	差异额	
原材料							
合　计							

原始凭证 71-2

领　料　单　　　　　　NO.6325001

领料部门：制糖车间
用　途：白砂糖　　　　　　2016 年 12 月 4 日

编号	品名	规格型号	单位	数量		计划价格		实际价格	
				请领	实发	单价	总价	单价	总价
101	甜菜		吨	1 000	1 000	450.00	450 000.00		
合　计				1 000	1 000	450.00	450 000.00		

发料：齐立兴 　　　　　　　　领料：王越

原始凭证 71–3

领 料 单

NO.6325002

领料部门：制糖车间

用　　途：白砂糖　　　　　　　2016 年 12 月 19 日

编号	品名	规格型号	单位	数量		计划价格		实际价格	
				请领	实发	单价	总价	单价	总价
101	甜菜		吨	1 500	1 500	450.00	675 000.00		
合　　计				1 500	1 500	450.00	675 000.00		

发料：齐立兴　　　　　　　　　　领料：王越

原始凭证 71–4

领 料 单

NO.6325003

领料部门：制糖车间

用　　途：绵白糖　　　　　　　2016 年 12 月 19 日

编号	品名	规格型号	单位	数量		计划价格		实际价格	
				请领	实发	单价	总价	单价	总价
101	甜菜		吨	2 000	2 000	450.00	900 000.00		
合　　计				2 000	2 000	450.00	900 000.00		

发料：齐立兴　　　　　　　　　　领料：李强

原始凭证 71–5

领 料 单

NO.6325004

领料部门：制糖车间

用　　途：白砂糖　　　　　　　2016 年 12 月 20 日

编号	品名	规格型号	单位	数量		计划价格		实际价格	
				请领	实发	单价	总价	单价	总价
101	甜菜		吨	3 000	3 000	450.00	1 350 000.00		
合　　计				3 000	3 000	450.00	1 350 000.00		

发料：齐立兴　　　　　　　　　　领料：王越

原始凭证 71-6

领 料 单

NO.6325005

领料部门：制糖车间

用　　途：绵白糖　　　　　　2016 年 12 月 20 日

编号	品名	规格型号	单位	数量		计划价格		实际价格	
				请领	实发	单价	总价	单价	总价
101	甜菜		吨	1 800	1 800	450.00	810 000.00		
合　　计				1 800	1 800	450.00	810 000.00		

发料：齐立兴　　　　　　　　　　　领料：李强

原始凭证 71-7

领 料 单

NO.6325006

领料部门：制糖车间

用　　途：白砂糖　　　　　　2016 年 12 月 20 日

编号	品名	规格型号	单位	数量		计划价格		实际价格	
				请领	实发	单价	总价	单价	总价
101	甜菜		吨	1 000	1 000	450.00	450 000.00		
合　　计				1 000	1 000	450.00	450 000.00		

发料：齐立兴　　　　　　　　　　　领料：王越

原始凭证 71-8

领 料 单

NO.6325007

领料部门：制糖车间

用　　途：白砂糖　　　　　　2016 年 12 月 21 日

编号	品名	规格型号	单位	数量		计划价格		实际价格	
				请领	实发	单价	总价	单价	总价
101	甜菜		吨	2 000	2 000	450.00	900 000.00		
合　　计				2 000	2 000	450.00	900 000.00		

发料：齐立兴　　　　　　　　　　　领料：王越

原始凭证 71–9

领 料 单

NO.6325008

领料部门：制糖车间

用　　途：绵白糖

2016 年 12 月 21 日

编号	品名	规格型号	单位	数量		计划价格		实际价格	
				请领	实发	单价	总价	单价	总价
101	甜菜		吨	1 000	1 000	450.00	450 000.00		
合　　计				1 000	1 000	450.00	450 000.00		

发料：齐立兴　　　　　　　　　　领料：李强

原始凭证 71-10

发料凭证汇总表（计划成本计价）

2016 年 12 月 31 日

单位：元

领料单位	领料用途	材料名称	数量（吨）	单价	计划金额合计	差异率（%）	差异额	实际金额合计
制糖车间	白砂糖	甜菜						
	减：甜菜废丝							
	减：废糖蜜							
	白砂糖小计							
制糖车间	绵白糖	甜菜						
	减：甜菜废丝							
	减：废糖蜜							
	绵白糖小计							
制糖车间	废糖蜜小计							
颗粒粕车间	颗粒粕小计	甜菜						
	合　计							

注：主要材料甜菜成本由白砂糖、绵白糖、甜菜废丝、废糖蜜负担，费用分摊比例为 10:1:1，即每耗用 10 吨甜菜，直接从主产品白砂糖、绵白糖中减 1 吨给甜菜废丝，
减 1 吨给废糖蜜。甜菜废丝负担的材料费用直接计入颗粒粕生产成本，废糖蜜应负担的材料费计入废糖蜜生产成本。

原始凭证 72-1

领 料 单

NO.6325009

领料部门：供热车间

用　途：供热

2016 年 12 月 5 日

编号	品名	规格型号	单位	数量		计划价格		实际价格	
				请领	实发	单价	总价	单价	总价
103	焦炭		吨	240	240				
合　　计									

发料：丁志勇　　　　　　　　　领料：刘潇

原始凭证 72-2

领 料 单

NO.6325010

领料部门：制糖车间

用　途：白砂糖

2016 年 12 月 9 日

编号	品名	规格型号	单位	数量		计划价格		实际价格	
				请领	实发	单价	总价	单价	总价
105	磷酸		公斤	110	110				
合　　计									

发料：齐立兴　　　　　　　　　领料：王越

原始凭证 72-3

领 料 单

NO.6325011

领料部门：制糖车间

用　途：绵白糖

2016 年 12 月 9 日

编号	品名	规格型号	单位	数量		计划价格		实际价格	
				请领	实发	单价	总价	单价	总价
105	磷酸		公斤	80	80				
合　　计									

发料：齐立兴　　　　　　　　　领料：李强

原始凭证 72-4

领 料 单

NO.6325012

领料部门：制糖车间

用　　途：绵白糖

2016 年 12 月 9 日

编号	品名	规格型号	单位	数量		计划价格		实际价格	
				请领	实发	单价	总价	单价	总价
104	石灰		公斤	800	800				
合　　计									

发料：齐立兴　　　　　　　　　　领料：李强

原始凭证 72-5

领 料 单

NO.6325013

领料部门：制糖车间

用　　途：白砂糖

2016 年 12 月 10 日

编号	品名	规格型号	单位	数量		计划价格		实际价格	
				请领	实发	单价	总价	单价	总价
201	包装袋		包	150	150				
合　　计									

发料：齐立兴　　　　　　　　　　领料：王越

原始凭证 72-6

领 料 单

NO.6325014

领料部门：制糖车间

用　　途：白砂糖

2016 年 12 月 15 日

编号	品名	规格型号	单位	数量		计划价格		实际价格	
				请领	实发	单价	总价	单价	总价
106	硫磺		公斤	400	400				
合　　计									

发料：齐立兴　　　　　　　　　　领料：王越

原始凭证 72-7

<h2 style="text-align:center">领 料 单</h2>

NO.6325015

领料部门：供热车间

用　　途：供热　　　　　　2016 年 12 月 25 日

编号	品名	规格型号	单位	数量		计划价格		实际价格	
				请领	实发	单价	总价	单价	总价
102	煤		吨	980	980				
合　　计									

发料：丁志勇　　　　　　　　　　领料：刘潇

原始凭证 72-8

<h2 style="text-align:center">领 料 单</h2>

NO.6325016

领料部门：制糖车间

用　　途：白砂糖　　　　　　2016 年 12 月 25 日

编号	品名	规格型号	单位	数量		计划价格		实际价格	
				请领	实发	单价	总价	单价	总价
107	制糖消泡剂		桶	12	12				
108	絮凝剂		公斤	430	430				
109	二氧化硫		公斤	160	160				
合　　计									

发料：齐立兴　　　　　　　　　　领料：王越

原始凭证 72-9

<h2 style="text-align:center">领 料 单</h2>

NO.6325017

领料部门：制糖车间

用　　途：绵白糖　　　　　　2016 年 12 月 25 日

编号	品名	规格型号	单位	数量		计划价格		实际价格	
				请领	实发	单价	总价	单价	总价
107	制糖消泡剂		桶	12	12				
108	絮凝剂		公斤	280	280				
109	二氧化硫		公斤	120	120				
合　　计									

发料：齐立兴　　　　　　　　　　领料：李强

原始凭证 72-10

领 料 单

NO.6325018

领料部门：供热车间

用　　途：供热　　　　　　2016 年 12 月 26 日

编号	品名	规格型号	单位	数量		计划价格		实际价格	
				请领	实发	单价	总价	单价	总价
204	减压阀		个	9	9				
合　　计									

发料：徐晓丽　　　　　　　　　　　领料：刘潇

原始凭证 72-11

领 料 单

NO.6325019

领料部门：酒精车间

用　　途：食用酒精　　　　　　2016 年 12 月 27 日

编号	品名	规格型号	单位	数量		计划价格		实际价格	
				请领	实发	单价	总价	单价	总价
203	铁桶		个	460	460				
合　　计									

发料：徐晓丽　　　　　　　　　　　领料：王凯

原始凭证 72-12

领 料 单

NO.6325020

领料部门：颗粒粕车间

用　　途：颗粒粕　　　　　　2016 年 12 月 27 日

编号	品名	规格型号	单位	数量		计划价格		实际价格	
				请领	实发	单价	总价	单价	总价
202	化纤袋		包	90	90				
合　　计									

发料：徐晓丽　　　　　　　　　　　领料：张虹

原始凭证 72-13

领 料 单

NO.6325021

领料部门：制糖车间
用　途：白砂糖

2016 年 12 月 27 日

编号	品名	规格型号	单位	数量		计划价格		实际价格	
				请领	实发	单价	总价	单价	总价
201	包装袋		包	50	50				
205	滤布		条	80	80				
合　计									

发料：齐立兴　　　　　　　　领料：王越

原始凭证 72-14

领 料 单

NO.6325022

领料部门：制糖车间
用　途：绵白糖

2016 年 12 月 27 日

编号	品名	规格型号	单位	数量		计划价格		实际价格	
				请领	实发	单价	总价	单价	总价
201	包装袋		包	80	80				
205	滤布		条	50	50				
合　计									

发料：齐立兴　　　　　　　　领料：李强

原始凭证 72-15

领 料 单

NO.6325023

领料部门：颗粒粕车间
用　途：颗粒粕

2016 年 12 月 27 日

编号	品名	规格型号	单位	数量		计划价格		实际价格	
				请领	实发	单价	总价	单价	总价
102	煤		吨	80	80				
合　计									

发料：丁志勇　　　　　　　　领料：张虹

原始凭证 72-16

领　料　单

NO.6325024

领料部门：供电车间

用　途：供电　　　　　　2016 年 12 月 27 日

编号	品名	规格型号	单位	数量		计划价格		实际价格	
				请领	实发	单价	总价	单价	总价
103	焦炭		吨	120	120				
合　计									

发料：丁志勇　　　　　　　　　　领料：赵大力

原始凭证 72-17

领　料　单

NO.6325025

领料部门：供电车间

用　途：供电　　　　　　2016 年 12 月 27 日

编号	品名	规格型号	单位	数量		计划价格		实际价格	
				请领	实发	单价	总价	单价	总价
105	磷酸		公斤	50	50				
合　计									

发料：丁志勇　　　　　　　　　　领料：赵大力

原始凭证 72-18

发料凭证汇总表（实际成本计价）

2016 年 12 月 31 日

单位：元

用途	类别		燃料		辅助材料						包装物			低值易耗品		金额合计
			煤	焦炭	石灰	磷酸	硫磺	制糖消泡剂	絮凝剂	二氧化硫	包装袋	化纤袋	铁桶	减压阀	滤布	
制糖车间	白砂糖	数量														
		金额														
	绵白糖	数量														
		金额														
颗粒粕车间	颗粒粕	数量														
		金额														
酒精车间	食用酒精	数量														
		金额														
供热车间		数量														
		金额														
供电车间		数量														
		金额														
合计																

复核：　　　　　　　　　　　　　　　　　　　　　　　　　制表：

原始凭证 73-1

辅助生产费用分配表
（交互分配法）

年　月　日　　　　　　　　　　　　　　金额单位：元

项　目			交互分配			对外分配		
辅助生产车间			供热车间	供电车间	合　计	供热车间	供电车间	合　计
待分配费用								
劳务数量					—			—
费用分配率					—			—
辅助生产车间耗用	供热车间	数量						—
		金额						—
	供电车间	数量						—
		金额						—
	金额小计							—
制糖车间耗用	白砂糖	数量						—
		金额						
	绵白糖	数量						—
		金额						
	一般消耗	数量						—
		金额						
颗粒粕车间耗用		数量						—
		金额						
酒精车间耗用		数量						—
		金额						
管理部门耗用		数量						—
		金额						
销售部门耗用		数量						—
		金额						
分配金额合计								

注：分配率保留 5 位小数，尾差由最后一项负担。

原始凭证 73-2

辅助生产劳务供应通知单

2016 年 12 月

受益部门			用蒸汽吨数	用电度数
辅助生产车间		供热车间		101 200
		供电车间	2 650	
基本生产车间	制糖车间	白砂糖	120	32 400
		绵白糖	105	17 280
		车间一般耗用	35	8 920
	颗粒粕车间	颗粒粕	110	30 160
	酒精车间	食用酒精	80	9 200
管理部门				615
销售部门				385
合　计			3 100	200 160

原始凭证 74-1

制造费用分配表

部门：　　　　　　　　　　　　　年　月　日　　　　　　　　　　　单位：元

产品名称（受益对象）	分配标准 / 机器工时	分配率	分配金额
白砂糖	430		
绵白糖	314		
合　计	744		

注：制糖过程产生的甜菜废丝和废糖蜜不负担制造费用。

原始凭证 75-1

产量记录统计表

车间：制糖车间　　　　　　　　　2016 年 12 月　　　　　　　　　单位：吨

项目	成本项目	产品名称		
		白砂糖	绵白糖	废糖蜜
月初在产品		52	28	11
本月投入		820	450	406
本月完工		850	460	371
月末在产品		22	18	46
月末在产品完工程度	直接材料	100%	100%	100%
	直接人工	70%	70%	
	燃料及动力	70%	70%	
	制造费用	70%	70%	

注：废糖蜜只负担材料费用。

原始凭证 75-2

制糖车间产品成本计算表

完工: 吨
在产: 吨
产品：白砂糖　　　　　　　　　　2016 年 12 月　　　　　　单位: 元

成本项目		直接材料	直接人工	燃料动力	制造费用	合　计
月初在产品						
本月生产费用						
生产费用合计						
在产品完工程度						
完工产品	单位成本					
	总成本					
月末在产品						

原始凭证 75-3

制糖车间产品成本计算表

完工: 吨
在产: 吨
产品：绵白糖　　　　　　　　　　2016 年 12 月　　　　　　单位: 元

成本项目		直接材料	直接人工	燃料动力	制造费用	合　计
月初在产品						
本月生产费用						
生产费用合计						
在产品完工程度						
完工产品	单位成本					
	总成本					
月末在产品						

原始凭证 75-4

制糖车间产品成本计算表

完工： 吨

在产： 吨

产品：废糖蜜   2016 年 12 月   单位： 元

成本项目		直接材料	直接人工	燃料动力	制造费用	合 计
月初在产品						
本月生产费用						
生产费用合计						
在产品完工程度						
完工产品	单位成本					
	总成本					
月末在产品						

注：废糖蜜直接材料单位成本保留 2 位小数。

原始凭证 75-5

产品入库单
NO.012468

交库部门：制糖车间   2016 年 12 月 31 日   验收仓库：白砂糖库

产品编号	产品名称	单位	数 量		金 额	
			交库	实收	单位成本	总成本
合 计						

原始凭证 75-6

产品入库单
NO.012469

交库部门：制糖车间   2016 年 12 月 31 日   验收仓库：绵白糖库

产品编号	产品名称	单位	数 量		金 额	
			交库	实收	单位成本	总成本
合 计						

原始凭证 75-7

产品入库单

NO.012470

2016 年 12 月 31 日

交库部门：制糖车间　　　　　　　　　　　　　　　　　　　　验收仓库：废糖蜜库

产品编号	产品名称	单位	数　量		金　额	
			交库	实收	单位成本	总成本
合　　计						

原始凭证 76-1

产量记录统计表

2016 年 12 月

车间：颗粒粕车间　　　　　　　　　　　　　　　　　　　　　　单位：吨

项　目	成本项目	产品名称		
		颗粒粕		
月初在产品		0		
本月投入		1 100		
本月完工		1 100		
月末在产品		0		
月末在产品完工程度	直接材料	100%		
	直接人工	100%		
	燃料及动力	100%		
	制造费用	100%		

原始凭证 76-2

颗粒粕车间产品成本计算表

完工： 吨

在产： 吨

产品：颗粒粕　　　　　　　　2016 年 12 月　　　　　　单位：元

成本项目		直接材料	直接人工	燃料动力	制造费用	合 计
月初在产品						
本月生产费用						
生产费用合计						
在产品完工程度						
完工产品	单位成本					
	总成本					
月末在产品						

原始凭证 76-3

产品入库单

NO.012471

交库部门：颗粒粕车间　　　　2016 年 12 月 31 日　　　　验收仓库：颗粒粕库

产品编号	产品名称	单位	数量		金额	
			交库	实收	单位成本	总成本
合　　计						

原始凭证 77–1

领　料　单

NO.6325026

领料部门：酒精车间

用　途：食用酒精　　　　　　2016 年 12 月 28 日

编号	品名	规格型号	单位	数量		计划价格		实际价格	
				请领	实发	单价	总价	单价	总价
110	废糖蜜		吨	400	400				
合　　计									

发料：**丁力**　　　　　　　　　　　领料：**赵磊**

原始凭证 78–1

产量记录统计表

2016 年 12 月

车间：酒精车间　　　　　　　　　　　　　　　　　　　　单位：吨

项目	成本项目	产品名称		
		酒精		
月初在产品		21		
本月投入		180		
本月完工		190		
月末在产品		11		
月末在产品完工程度	直接材料	100%		
	直接人工	70%		
	燃料及动力	70%		
	制造费用	70%		

原始凭证 78-2

酒精车间产品成本计算表

完工：　吨
在产：　吨

产品：食用酒精　　　　　　　　2016 年 12 月　　　　　　单位：　元

成本项目		直接材料	直接人工	燃料动力	制造费用	合计
月初在产品						
本月生产费用						
生产费用合计						
在产品完工程度						
完工产品	单位成本					
	总成本					
月末在产品						

原始凭证 78-3

产品入库单

NO.012472

交库部门：酒精车间　　　　　　2016 年 12 月 31 日　　　　验收仓库：酒精库

产品编号	产品名称	单位	数量		金额	
			交库	实收	单位成本	总成本
合　　计						

279

原始凭证 79-1

华糖实业股份有限公司股份支付决议

按照公司业绩考核规定和公司内部激励措施，经股东会批准，公司决定对 20 名管理人员每人授予 5 000 股的股票期权。自与公司签订股票期权协议之日起，在公司连续服务满三年，即可以 3 元每股购买公司股票 5 000 股。

华糖实业股份有限公司董事会

2016 年 1 月 1 日

原始凭证 80-1

产品销售成本计算表

2016 年 12 月 31 日

产品	单位	月初结存		本期入库		加权平均单位成本	本月销售	
		数量	总成本	数量	总成本		数量	总成本
白砂糖	吨							
绵白糖	吨							
颗粒粕	吨							
食用酒精	吨							
合　计								

原始凭证 80-2

发出商品销售成本计算表

2016 年 12 月 31 日

产品	单位	月初结存		本期入库		加权平均单位成本	本月销售	
		数量	总成本	数量	总成本		数量	总成本
合　计								

原始凭证 80-3

华糖实业股份有限公司

产品出库单

交货部门：白砂糖库

购货单位：内蒙古意林食品公司　　2016 年 12 月 2 日　　NO.0006512

产品编号	产品名称	规格	单位	数量	售价	金额
301	白砂糖		吨	-50	5 500.00	-275 000.00
合　计				-50	5 500.00	-275 000.00

保管：王新强

原始凭证 80-4

华糖实业股份有限公司

产品出库单

交货部门：绵白糖库

购货单位：沈阳市光明食品公司　　2016 年 12 月 2 日　　NO.0006513

产品编号	产品名称	规格	单位	数量	售价	金额
302	绵白糖		吨	500	5 900.00	2 950 000.00
合　计				500	5 900.00	2 950 000.00

保管：王亮

原始凭证 80-5

华糖实业股份有限公司

产品出库单

交货部门：酒精库

购货单位：呼和浩特市金川酒业公司　　2016 年 12 月 2 日　　NO.0006514

产品编号	产品名称	规格	单位	数量	售价	金额
304	食用酒精		吨	200	6 000.00	1 200 000.00
合　计				200	6 000.00	1 200 000.00

保管：杨立峰

原始凭证 80-6

华糖实业股份有限公司

交货部门：白砂糖库
购货单位：呼和浩特市食品饮料

产品出库单

2016 年 12 月 21 日

NO.0006515

产品编号	产品名称	规格	单位	数量	售价	金额
301	白砂糖		吨	1 200	5 500.00	6 600 000.00
合　计				1 200	5 500.00	6 600 000.00

保管：王新强

原始凭证 80-7

华糖实业股份有限公司

交货部门：绵白糖库
购货单位：职工福利

产品出库单

2016 年 12 月 21 日

NO.0006516

产品编号	产品名称	规格	单位	数量	售价	金额
302	绵白糖		吨	2	5 900.00	11 800.00
合　计				2	5 900.00	11 800.00

保管：王亮

原始凭证 80-8

华糖实业股份有限公司

交货部门：白砂糖库
购货单位：职工福利

产品出库单

2016 年 12 月 21 日

NO.0006517

产品编号	产品名称	规格	单位	数量	售价	金额
301	白砂糖		吨	2	5 500.00	11 000.00
合　计				2	5 500.00	11 000.00

保管：王新强

原始凭证 80-9

<u>华糖实业股份有限公司</u>

交货部门：颗粒粕库　　　　　**产品出库单**

购货单位：伊利锡林浩特牧场　　　2016 年 12 月 26 日　　　　NO.0006518

产品编号	产品名称	规格	单位	数量	售价	金额
303	颗粒粕		吨	1 150	1 100.00	1 265 000.00
合　计				1 150	1 100.00	1 265 000.00

保管：洪峰

原始凭证 80-10

<u>华糖实业股份有限公司</u>

交货部门：绵白糖库　　　　　**发出商品出库单**

购货单位：恒康食品公司　　　　2016 年 12 月 25 日　　　　NO.0000325

产品编号	产品名称	规格	单位	数量	售价	金额
302	绵白糖		吨	60	5 900.00	354 000.00
合　计				60	5 900.00	354 000.00

保管：王亮

原始凭证 81-1

华糖实业股份有限公司
材料盘点报告单

2016 年 12 月 31 日　　　　　　　　　　　　单位：元

编号	名称	单位	账面数量	实存数量	盘盈		盘亏	
					数量	金额	数量	金额
203	铁桶	个	40	22				
204	减压阀	个	3	4				
账实不符原因及影响					计量错误		责任人失职	
审批部门处理意见					冲减管理费用		仓储部徐晓丽赔偿	
备注：盘亏原材料价值不含运费。								

供应部负责人：　　　　　　　　保管：　　　　　　　　清点人：

原始凭证 82-1

华糖实业股份有限公司
资产盘点报告单

2016 年 12 月 31 日　　　　　　　　　　　　单位：元

编号	名称	盘盈			盘亏			备注
		数量	原值	已提折旧	数量	原值	已提折旧	
160104	干燥机	1 台	60 000.00	0				1.2015 年 1 月购入 2.2016 年 12 月重置价 48 000.00 元
160102	冷却机				1 台	56 000.00	48 800.00	2007 年 11 月购入
账实不符原因及影响		误计入管理费用			月初已完成清理，未及时入账			
审批部门处理意见		按重要会计差错做追溯调整			作营业外支出			

设备部负责人：　　　　　　　　车间负责人：　　　　　　　　清点人：

原始凭证 83-1

华糖实业股份有限公司

交易性金融资产公允价值变动损益计算表

2016 年 12 月 31 日 单位：元

金融资产种类	数量（股）	账面价值	期末公允价值	公允价值变动损益
雪原乳业股份	50 000			
圣牧高科股份	50 000			

财务负责人： 审核： 制表：

原始凭证 84-1

华糖实业股份有限公司

可供出售金融资产公允价值变动损益计算表

2016 年 12 月 31 日 单位：元

金融资产种类	年末摊余成本	公允价值	公允价值变动损益
大唐公司（债券）		1 069 046.00	

财务负责人： 审核： 制表：

原始凭证 84-2

华糖实业股份有限公司

可供出售金融资产公允价值变动损益计算表

2016 年 12 月 31 日 单位：元

金融资产种类	年末账面价值	公允价值	公允价值变动损益
桂林制糖（股票）			

备注：该股票于 2015 年 12 月 20 日购入，数量 50 000 股，购买价 4 元 / 股。2015 年底未调整该股票公允价值。
2016 年 12 月 31 该股票公允价值 4.8 元 / 股。

财务负责人： 审核： 制表：

原始凭证 85-1

计提坏账准备计算表

2016 年 12 月 31 日 单位：元

	期末账面余额 （1）	计提比例 （2）	坏账准备期末余额 （3）=（1）×（2）	计提前坏账准备账面 余额（4）	计提 / 冲回金额 （5）=（3）-（4）
应收账款					
应收票据					
其他应收款					
合 计					

原始凭证 86-1

存货成本与可变现净值明细表

2016 年 12 月 31 日 单位：元

项 目	账面实际成本	可变现净值	差 额
原材料		2 378 618.20	
周转材料		80 510.00	
库存商品		2 121 617.92	
合 计		4 580 746.12	

原始凭证 86-2

计提存货跌价准备计算表

2016 年 12 月 31 日 单位：元

项 目	跌价准备期末余额	跌价准备期初余额	计提 / 冲回（+/-）
原材料			
周转材料			
库存商品			
合 计			

原始凭证 87-1

固定资产、无形资产减值准备计提表

2016 年 12 月 31 日 单位：元

资产类别	账面价值	资产可收回金额		减值金额
		可变现净值	未来现金流量现值	
固定资产		22 500 000.00	22 635 021.93	
无形资产（非专利技术）		1 940 000.00		
合　计				

注：本月新增的融资租入固定资产不计提减值准备。

原始凭证 88-1

免税农产品不得抵扣进项税计算表

2016 年 12 月 31 日 单位：元

当月全部进项税额	当月免税项目销售额 当月全部销售额合计	当月不得抵扣进项税额
1	2	3＝1×2

注：免税项目销售额占全部销售额比率保留 5 位小数。

原始凭证 88-2

应交增值税计算表

2016 年 12 月 31 日 单位：元

期初留抵数	本期进项税额	已交税	本期销项税额	进项税额转出	本期应交增值税

原始凭证 89-1

税金及附加计算表

2016 年 12 月 31 日 单位：元

税种	计税基数	税率	应纳税额
城市维护建设税			
教育费附加			
地方教育费附加			
水利建设基金			
合　计			

原始凭证 90-1

损益类账户本期发生额表

2016 年 12 月 31 日 单位：元

账户名称	借方发生额	贷方发生额
主营业务收入		
其他业务收入		
投资收益		
营业外收入		
公允价值变动损益		
主营业务成本		
其他业务成本		
税金及附加		
销售费用		
管理费用		
财务费用		
资产减值损失		
营业外支出		
合　计		

原始凭证 91–1

暂时性差异计算表

2016 年 12 月 31 日　　　　　　　　　　　　单位：元

项　目	期末账面价值	期末计税基础	暂时性差异	
			应纳税暂时性差异	可抵扣暂时性差异
合　计				

注：无形资产（非专利技术）取得年限 25 个月。

原始凭证 91–2

递延所得税计算表

2016 年 12 月 31 日　　　　　　　　　　　　单位：元

项　目	期末余额	期初余额	增加 / 减少（+/–）
递延所得税负债			
递延所得税资产			
递延所得税 =			

原始凭证 92-1

纳税调整明细表

2016 年 12 月 31 日　　　　　　　　　　单位：元

项　　目	行次	金　　额
利润总额（全年会计利润）	1	
加：纳税调整增加额	2	
其中：	3	
	4	
	5	
	6	
	7	
	8	
	9	
	10	
	11	
	12	
	13	
减：纳税调整减少额	14	
其中：	15	
	16	
	17	
	18	
	19	
	20	
	21	
	22	
	23	
	24	
二、纳税调整后所得	25	
减：弥补以前年度亏损	26	
三、应纳税所得额	27	
适用税率	28	
四、应纳所得税	29	
减：本期累计已预缴的所得税	30	
本期应补（退）的所得税额	31	

注：本年 1~11 月累计发生业务招待费 1 080 099.00 元，广告宣传费 700 000.00 元。

原始凭证 93-1

利润分配表

2016 年 12 月 31 日 单位：元

项　目	行次	金　额
一、本年净利润	1	
加：年初未分配利润	2	
其他转入	3	
二、可供分配的利润	4	
减：提取法定盈余公积	5	
提取任意盈余公积	6	
三、可供投资者分配的利润	7	
减：应付普通股股利	8	
其中：国家股		
法人股		
公众股		
四、未分配利润	9	

一、科目汇总表

科目汇总表

年　　月　　日至　　日　　　　　　　　　字第　　号

会计科目	借方金额											贷方金额											记账 √	记账凭证起讫号数
	亿	千	百	十	万	千	百	十	元	角	分	亿	千	百	十	万	千	百	十	元	角	分		
合　计																								

财务主管：　　　　　　审核：　　　　　　记账：　　　　　　制表：

二、试算平衡表

总分类账户本期发生额及余额试算平衡表

年　　月　　日　　　　　　　　　　　　　　单位：元

账户名称	期初余额		本期发生额		期末余额	
	借方	贷方	借方	贷方	借方	贷方
合　计						

三、会计报表

资产负债表

会企 01 表

编制单位：

年　月　日

单位：元

资产	期末余额	年初余额	负债和所有者权益	期末余额	年初余额
流动资产：			流动负债：		
货币资金			短期借款		
交易性金融资产			交易性金融负债		
应收票据			应付票据		
应收账款			应付账款		
预付账款			预收款项		
应收利息			应付职工薪酬		
应收股利			应交税费		
其他应收款			应付利息		
存货			应付股利		
一年内到期的非流动资产			其他应付款		
其他流动资产			一年内到期的非流动负债		
流动资产合计			其他流动负债		
非流动资产：			流动负债合计		
可供出售金融资产			非流动负债：		
持有至到期投资			长期借款		
长期应收款			应付债券		
长期股权投资			长期应付款		
投资性房地产			专项应付款		
固定资产			预计负债		
在建工程			递延所得税负债		
工程物资			其他非流动负债		
固定资产清理			非流动负债合计		
生产性生物资产			负债合计		
油气资产			所有者权益（或股东权益）：		
无形资产			实收资本（或股本）		
开发支出			资本公积		
商誉			其他综合收益		
长期待摊费用			盈余公积		
递延所得税资产			未分配利润		
其他非流动资产			所有者权益（或股东权益）合计		
非流动资产合计					
资产总计			负债和所有者权益合计		

利 润 表

会企 02 表

编制单位：　　　　　　　　　　年　　月　　　　　　　　　　单位：元

项目	本期金额	上期金额
一、营业收入		
减：营业成本		
税金及附加		
销售费用		
管理费用		
财务费用		
资产减值损失		
加：公允价值变动收益（损失以"-"号填列）		
投资收益		
其中：对联营企业和合营企业的投资收益		
二、营业利润		
加：营业外收入		
减：营业外支出		
其中：非流动资产处置损失		
三、利润总额（亏损以"-"号填列）		
减：所得税费用		
四、净利润（净亏损以"-"号填列）		
五、每股收益		
（一）基本每股收益		
（二）稀释每股收益		
六、其他综合收益		
七、综合收益		

现金流量表

会企 03 表

编制单位： 　　　　　年　　　　月　　　　　　　　　　　　　　单位：元

项目	行次	本期金额	上期金额
一、经营活动产生的现金流量			
销售商品、提供劳务收到的现金	1		
收到的税费返还	2		
收到其他与经营活动有关的现金	3		
经营活动现金流入小计	4		
购买商品、接受劳务支付的现金	5		
支付给职工以及为职工支付的现金	6		
支付的各项税费	7		
支付其他与经营活动有关的现金	8		
经营活动现金流出小计	9		
经营活动产生的现金流量净额	10		
二、投资活动产生的现金流量			
收回投资收到的现金	11		
取得投资收益收到的现金	12		
处置固定资产、无形资产和其他长期资产收回的现金净额	13		
处置子公司及其他营业单位收到的现金净额	14		
收到其他与投资活动有关的现金	15		
投资活动现金流入小计	16		
购建固定资产、无形资产和其他长期资产支付的现金	17		
投资支付的现金	18		
取得子公司及其他营业单位支付的现金净额	19		
支付其他与投资活动有关的现金	20		
投资活动现金流出小计	21		
投资活动产生的现金流量净额	22		
三、筹资活动产生的现金流量			
吸收投资收到的现金	23		
取得借款收到的现金	24		
收到其他与筹资活动有关的现金	25		
筹资活动现金流入小计	26		
偿还债务支付的现金	27		
分配股利、利润或偿付利息支付的现金	28		
支付其他与筹资活动有关的现金	29		
筹资活动现金流出小计	30		
筹资活动产生的现金流量净额	31		
四、汇率变动对现金及现金等价物的影响	32		
五、现金及现金等价物净增加额	33		
加：期初现金及现金等价物余额	34		
六、期末现金及现金等价物余额	35		

现金流量表附注

单位：元

补充资料	行次	本期金额	上期金额
1. 将净利润调节为经营活动现金流量			
净利润	1		
加：资产减值准备	2		
固定资产折旧、油气资产折耗、生产性生物资产折旧	3		
无形资产摊销	4		
长期待摊费用	5		
处置固定资产、无形资产和其他长期资产的损失（收益以"–"号填列）	6		
固定资产报废损失（收益以"–"号填列）	7		
公允价值变动损失（收益以"–"号填列）	8		
投资损失（收益以"–"号填列）	9		
递延所得税资产减少（增加以"–"号填列）	10		
递延所得税负债增加（减少以"–"号填列）	11		
存货的减少（增加以"–"号填列）	12		
经营性应收项目的减少（增加以"–"号填列）	13		
经营性应付项目的增加（减少以"–"号填列）	14		
其他	15		
经营活动产生的现金流量净额	16		
2. 不涉及现金收支的重大投资和筹资活动			
债务转为资本	17		
融资租入固定资产	18		
3. 现金及现金等价物净变化情况			
现金的期末余额	19		
减：现金的期初余额	20		
加：现金等价物的期末余额	21		
减：现金等价物的期初余额	22		
现金及现金等价物净增加额	23		

股东权益变动表

编制单位：　　　　　　　　　　　　　　　　　　　　年度

会企 04 表

单位：元

项　目	本 年 金 额						所有者权益合计
	股本	资本公积	减：库存股	盈余公积	未分配利润		所有者权益合计
一、上年末余额							
加：会计政策变更							
前期差错更正							
二、本年初余额							
三、本年增减变动金额（减少以"－"填列）							
（一）净利润							
（二）直接计入所有者权益的利得和损失							
1. 可供出售金融资产公允价值变动净额							
2. 权益法下被投资单位其他所有者权益变动的影响							
3. 与计入所有者权益项目相关的所得税影响							
4. 其他							
上述（一）和（二）小计							
（三）所有者投入和减少资本							
1. 所有者投入资本							
2. 股份支付计入所有者权益的金额							
3. 其他							
（四）利润分配							
1. 提取盈余公积							
2. 对所有者（或股东）的分配							
3. 其他							
（五）所有者权益内部结转							
1. 资本公积转增资本（或股本）							
2. 盈余公积转增资本（或股本）							
3. 盈余公积弥补亏损							
4. 其他							
四、本年末余额							

四、涉税资料及纳税申报表

增值税发票汇总表

制表日期：2016-12-31

所属期间：12 月第一期

增值税专用发票统计表 1-01

增值税发票汇总表（2016 年 12 月）

纳税人登记号：150101680041112

企业名称：华糖实业股份有限公司

地址电话：呼和浩特市学苑路 88 号　　0471-68862578

★ 发票领用存情况 ★

期初库存份数	0	正数发票份数	15	负数发票份数	1
购进发票份数	20	正数废票份数	0	负数废票份数	0
退回发票份数	0	期末库存份数	4	分配发票份数	0
收回发票份数	0				

★ 销项情况 ★

金额单位：元

序号	项目名称	合计	17%	11%	6%	5%	0%
1	销项正废金额	0.00	0.00	0.00	0.00	0.00	0.00
2	销项正数金额	16 011 984.01	14 366 930.10	0.00	94 339.62	285 714.29	1 265 000.00
3	销项负废金额	0.00	0.00	0.00	0.00	0.00	0.00
4	销项负数金额	275 000.00	275 000.00	0.00	0.00	0.00	0.00
5	实际销售金额	15 736 984.01	14 091 930.10	0.00	94 339.62	285 714.29	1 265 000.00
6	销项正废税额	0.00	0.00	0.00	0.00	0.00	0.00
7	销项正数税额	2 443 776.99	2 423 830.90	0.00	5 660.38	14 285.71	0.00
8	销项负废税额	0.00	0.00	0.00	0.00	0.00	0.00
9	销项负数税额	46 750.00	46 750.00	0.00	0.00	0.00	0.00
10	实际销项税额	2 397 026.99	2 377 080.90	0.00	5 660.38	14 285.71	0.00

进项税发票确认汇总

确认时间：2017 年 12 月 31 日　12:04:46

单位：华糖实业股份有限公司，税号：150101680041112

所属期：2017 年 12 月，第 3 次发票勾选确认，共勾选 20 张发票，其中：

（1）有效勾选发票 20 张。

（2）勾选且扫描认证发票 0 张。

（3）勾选不可抵扣发票 0 张。

本次有效勾选统计如下：

	数量（份）	金额（元）	税额（元）
增值税专用发票	20	9 773 581.72	1 212 346.48
机动车发票			
货运发票			
合　计	20	9 773 581.72	1 212 346.48

打印日期：2016-12-31

认证结果清单（认证相符）

企业名称：华糖实业股份有限公司

所属期：2016 年 12 月

纳税人识别号：15010168041112

序号	发票代码	发票号码	开票日期	销货方税号	金额	税率(%)	税额	认证结果	发票类别
1	1500143130	01510773	2016-12-01		6 300 000.00	11	693 000.00	认证相符	增值税专用发票
2	1500143130	01528664	2016-12-01	150101234596478	360 000.00	11	39 600.00	认证相符	增值税专用发票
3	1500143130	02547921	2016-12-01	15010233000124	8 113.21	6	486.79	认证相符	增值税专用发票
4	1500143130	01513694	2016-12-03	15010278900000445	1 600.00	17	272.00	认证相符	增值税专用发票
5	4501943121	04581265	2016-12-04	45010096001789	800.00	6	48.00	认证相符	增值税专用发票
6	1500143143	01510161	2016-12-06	15297387563453	135 135.14	11	14 864.86	认证相符	增值税专用发票
7	1500143130	02520858	2016-12-07	15010110023245	90 000.00	17	15 300.00	认证相符	增值税专用发票
8	1500143143	01513254	2016-12-08	15010278910025	23 873.87	11	2 626.13	认证相符	增值税专用发票
9	1500143130	01525637	2016-12-08	15010279632145	94 339.62	6	5 660.38	认证相符	增值税专用发票
10	1500143130	01529654	2016-12-09	15010378903212	17 948.72	17	3 051.28	认证相符	增值税专用发票
11	1500143430	02340721	2016-12-13	15010346877093	200 000.00	11	22 000.00	认证相符	增值税专用发票
12	4451943154	00554166	2016-12-16	31687403000029	4 460.00	17	758.20	认证相符	增值税专用发票
13	3104943282	58325471	2016-12-19	31010132144110	1 500 000.00	17	255 000.00	认证相符	增值税专用发票
14	1500143130	12568932	2016-12-19	15010227110004	18 867.92	6	1 132.08	认证相符	增值税专用发票
15	1401923547	25896314	2016-12-22	14010101234769	800 000.00	17	136 000.00	认证相符	增值税专用发票
16	1401923547	25800121	2016-12-22	14010100690013	150 000.00	11	16 500.00	认证相符	增值税专用发票
17	1500143130	01536985	2016-12-23	15010154897611	4 800.00	17	816.00	认证相符	增值税专用发票
18	1500143130	01521456	2016-12-23	15010266581101	25 000.00	11	2 750.00	认证相符	增值税专用发票
19	1500143130	01525874	2016-12-24	15010278900114	3 243.24	11	356.76	认证相符	增值税专用发票
20	1500143130	03541478	2012-12-25	15010167005212	35 400.00	6	2 124.00	认证相符	增值税专用发票
合计					9 773 581.72		1 212 346.48		

注：认证税额中包括待抵扣进项税 8 800.00 元。

增值税纳税申报表附列资料（一）

（本期销项税额明细）

纳税人名称：（公章）

税款所属时间： 年 月 日 至 年 月 日

金额单位：元（列至角分）

项目及栏次			开具增值税专用发票		开具其他发票		未开具发票		纳税检查调整		合计			服务、不动产和无形资产扣除项目本期实际扣除金额	扣除后	
			销售额	销项（应纳）税额	销售额	销项（应纳）税额	销售额	销项（应纳）税额	销售额	销项（应纳）税额	销售额	销售（应纳）税额	价税合计		含税（免税）销售额	销项（应纳）税额
			1	2	3	4	5	6	7	8	9=1+3+5+7	10=2+4+6+8	11=9+10	12	13=11-12	14=13÷（100%+税率或征收率）×税率或征收率
一、一般计税方法征税	全部征税项目	17%税率的货物及加工修理修配劳务 1														
		17%税率的服务、不动产和无形资产 2														
		13%税率 3														
		11%税率 4														
		6%税率 5														
	其中：即征即退项目	即征即退的货物及加工修理修配劳务 6														
		即征即退的服务、不动产和无形资产 7														
二、简易计税方法征税	全部征税项目	6%征收率 8														
		5%征收率的货物及加工修理修配劳务 9a														
		5%征收率的服务、不动产和无形资产 9b														
		4%征收率 10														
		3%征收率的货物及加工修理修配劳务 11														
		3%征收率的服务、不动产和无形资产 12														
	其中：即征即退项目	即征即退的货物及加工修理修配劳务 14														
		即征即退的服务、不动产和无形资产 15														
三、免抵退税		货物及加工修理修配劳务 16														
		服务、不动产和无形资产 17														
四、免税		货物及加工修理修配劳务 18														
		服务、不动产和无形资产 19														

327

增值税纳税申报表

（适用于增值税一般纳税人）

根据国家税收法律法规及增值税相关规定制定本表。纳税人不论有无销售额，均应按税务机关核定的纳税期限填写本表，并向当地税务机关申报。

税款所属时间：自 年 月 日至 年 月 日　填表日期：　年 月 日　金额单位：元（列至角分）

纳税人识别号：　　　　　　　　　　　所属行业：

纳税人名称		（公章）法定代表人姓名		注册地址		生产经营地址	
开户银行及账号				登记注册类型		电话号码	

	项目	栏次	一般项目		即征即退项目	
			本月数	本年累计	本月数	本年累计
销售额	（一）按适用税率征税销售	1				
	其中：应税货物销售额	2				
	应税劳务销售额	3				
	纳税检查调整的销售额	4				
	（二）按简易征收办法征税销售额	5				
	其中：纳税检查调整的销售额	6				
	（三）免、抵、退办法出口销售额	7				
	（四）免税销售额	8				
	其中：免税货物销售额	9				
	免税劳务销售额	10				
税款计算	销项税额	11				
	进项税额	12				
	上期留抵税额	13				
	进项税额转出	14				
	免、抵、退应退税额	15				
	按适用税率计算的纳税检查应补缴税额	16				
	应抵扣税额合计	17=12+13−14−15				
	实际抵扣税额	18（如 17 < 11，则为 17，否则为 11）				
	应纳税额	19=11−18				
	期末留抵税额	20=17−18				
	简易征收办法计算的应纳税额	21				
	按简易征收办法计算的纳税检查应补缴税额	22				
	应纳税额减征额	23				
	应纳税额合计	24=19+21+23				
税款缴纳	期初未缴税额（多缴为负数）	25				
	实收出口开具专用缴款书退税额	26				
	本期已缴税额	27=28+29+30+3				
	①分次预缴税额	28				
	②出口开具专用缴款书预缴税额	29				
	③本期缴纳上期应纳税额	30				
	④本期缴纳欠缴税额	31				
	期末未缴税额（多缴为负数）	32=24+25+26+2				
	其中：欠缴税额（≥0）	33=25+26+27				
	本期应补（退）税额	34=24−28−29				
	即征即退实际退税额	35				
	期初未缴查补税额	36				
	本期入库查补税额	37				
	期末未缴查补税额	38=16+22+36−37				

授权申明	如果你已委托代理人申报，请填写下列资料： 为代理一切税务事宜，现授权 （地址）　　　　为本纳税人的代理申报人，任何与本申报表有关的往来文件，都可寄予此人。 　　　　　　　　　　　授权人签字：	申报人声明	此纳税申报表是根据《中华人民共和国增值税暂行条例》的规定填报。 我确认它是真实的、可靠的、完整的。 　　　　　　　　　　　声明人签字：

管税务机关：　　　　　　　　　接收人：　　　　　　　　　　　接受日期：

增值税纳税申报表附列资料（二）

（本期进项税额明细）

税款所属时间： 年 月 日 至 年 月 日

纳税人名称：（公章） 金额单位：元（列至角分）

一、申报抵扣的进项税额				
项目	栏次	份数	金额	税额
（一）认证相符的税控增值税专用发票	1=2+3			
其中：本期认证相符且本期申报抵扣	2			
前期认证相符且本期申报抵扣	3			
（二）其他扣税凭证	4=5+6+7+8			
其中：海关进口增值税专用缴款书	5			
农产品收购发票或者销售发票	6			
代扣代缴税收通用缴款书	7			
其他	8			
（三）本期用于购建不动产的扣税凭证	9			
（四）本期不动产允许抵扣进项税额	10			
（五）外贸企业进项税额抵扣证明	11			
当期申报抵扣进项税额合计	12=1+4-9+10+11			

二、进项税额转出额		
项目	栏次	税额
本期进项转出额	13=14 至 23 之和	
其中：免税项目	14	
非应税项目用、集体福利、个人消费	15	
非正常损失	16	
简易计税方法征税项目用	17	
免、抵、退税办法不得抵扣的进项税额	18	
纳税检查调减进项税额	19	
红字专用发票信息表注明的进项税额	20	
上期留抵税额抵减欠税	21	
上期留抵税额退税	22	
其他应作进项税额转出的情形	23	

三、待抵扣进项税额				
项目	栏次	份数	金额	税额
（一）认证相符的税控增值税专用发票	24			
期初已认证相符但未申报抵扣	25			
本期认证相符且本期未申报抵扣	26			
期末已认证相符但未申报抵扣	27			
其中：按照税法规定不允许抵扣	28			
（二）其他扣税凭证	29=30 至 33 之和			
其中：海关进口增值税专用缴款书	30			
农产品收购发票或者销售发票	31			
代扣代缴税收缴款凭证	32			
其他	33			
	34			

四、其他				
项目	栏次	份数	金额	税额
本期认证的税控增值税专用发票	35			
代扣代缴税额	36			

增值税纳税申报表附列资料（五）

（本期进项税额明细）

税款所属时间： 年 月 日 至 年 月 日

纳税人名称：（公章） 金额单位：（元列至角分）

期初待抵扣不动产进项税额	本期不动产进项税额增加额	本期可抵扣不动产进项税额	本期转入的待抵扣不动产进项税额	本期转出的待抵扣不动产进项税额	期末待抵扣不动产进项税额
1	2	3 ≤ 1+2+4	4	5 ≤ 1+4	6=1+2-3+4-5

固定资产（不含不动产）进项税额抵扣情况表

纳税人识别号： 纳税人名称：（公章）

填表时间： 年 月 日 金额单位：元（列至角分）

项　目	当期申报抵扣的固定资产进项税额	当期申报抵扣的固定资产进项税额累计
增值税专用发票		
海关进口增值税专用缴款书		
合　计		

中华人民共和国企业所得税年度纳税申报表（A 类）

行次	类别	项目	金额
1		一、营业收入	
2		减：营业成本	
3		营业税金及附加	
4		销售费用	
5		管理费用	
6		财务费用	
7	利润总额计算	资产减值损失	
8		加：公允价值变动收益	
9		投资收益	
10		二、营业利润	
11		加：营业外收入	
12		减：营业外支出	
13		三、利润总额	
14		减：境外所得	
15		加：纳税调整增加额	
16		减：纳税调整减少额	
17		减：免税、减计收入及加计扣除	
18		加：境外应税所得抵减境内亏损	
19	应纳税所得额计算	四、纳税调整后所得	
20		减：所得减免	
21		减：抵扣应纳税所得额	
22		减：弥补以前年度亏损	
23		五、应纳税所得额	
24		税率（25%）	
25		六、应纳所得税额（23×24）	
26		减：减免所得税额	
27		减：抵免所得税额	
28		七、应纳税额	
29		加：境外所得应纳所得税额	
30	应纳税额计算	减：境外所得抵免所得税额	
31		八、实际应纳所得税额（28+29-30）	
32		减：本年累计实际已预缴的所得税额	
33		九、本年应补（退）所得税额（31-32）	
34		其中：总机构分摊本年应补（退）所得税额	
35		财政集中分配本年应补（退）所得税额	
36		总机构主体生产经营部门分摊本年应补（退）所得税额	
37	附列资料	以前年度多缴的所得税额在本年抵减额	
38		以前年度应缴未缴在本年入库所得税额	

内蒙古自治区地方税务局　纳税申报表（表二）

纳税人编码：

纳税人名称				税款所属期间		
纳税人地址			办公电话	电子邮件		
登记注册类型		核定申报方式		税款缴纳方式		
纳税人开户银行			账号		国税：是 否	社保：是 否
税种	品目名称	课税数量	计税金额	税率或单位税额	应纳税额	已纳税额	应补（退）税额	备注
合　计							

如纳税人填报，由纳税人填写以下各栏　　　　如委托代理人填写，由代理人填写以下各栏

会计主管：	纳税人		代理人名称	代理人
手机号码	（公章）	地　址	
		经办人	电话	（签章）
主管税务机关接收人（签章）	（签章）	接收日期	审核人（签章）

下　篇
财务软件应用实验
——会计电算化综合实验

第七章

财务实验（用友方案一）

一、建账及初始化

1. 目的与要求

（1）掌握 Windows 的基本操作——启动和退出。

（2）掌握账务处理系统的启动与退出。

（3）了解新账套的建立。

（4）掌握账务初始化工作——财务分工、汇率管理等基础设置的操作。

2. 实验内容——新账套的建立

（1）将系统日期调整为 _____ 年 _____ 月 _____ 日。

（2）启动"系统服务"中的"系统管理"功能，使用 Admin 系统管理员注册（口令无）。

（3）增加操作员：A、B、C……（根据组员自定义）。

（4）新建账套。

步骤 A，"账套号" _____、"账套名称" _____、"单位名称" _____。

步骤 B，账套主管选择自己新增加的操作员"C"，企业类型为"工业"，行业性质为"_____"并预置科目，记账币种：默认"人民币"，启用日期为 _____ 年 _____ 月。

步骤 C，存货不分类、供应商和客户分类、有外币核算。

步骤 D，确认编码方案：1）科目编码方案为 _____。

2）部门编码方案为 _____。

3）结算方式编码方案为 _____。

4）客户和供应商编码方案为 _____。

5）其他编码项目保持不变。

（5）设置操作员权限。操作员"A"，拥有"公用目录设置""应收""应付"中的所有权限及"总账"中除"审核""记账"以外的所有权限。

操作员"B"拥有"公用目录设置""应收""应付"中的所有权限及"总账"中除了"填制凭证"以外的所有权限。

3. 实验内容——系统启用

启动【企业门户】，启用"应收""应付""总账"系统，启用日期均为 _____。

4. 实验内容——总账系统中的初始化

（1）定义外币及汇率。美元，某月份记账汇率为8.40。

日元，某月份记账汇率为0.06。

（2）定义凭证类别为记账凭证。

（3）增设"结算方式"为"现金结算""支票结算"等自行定义结算方式。

（4）增设"部门档案"：_____。

（5）增设"职员档案"：_____。

（6）增设"客户分类"：_____。

（7）增设"客户档案"：_____。

（8）增设"供应商分类"：_____。

（9）增设"供应商档案"：_____。

二、科目修改及期初余额

1. 目的与要求

（1）掌握科目的设置、辅助账的设置、现金银行科目的修改删除。

（2）掌握录入和修改科目的期初余额，辅助账的期初余额的录入。

2. 实验内容——设置会计科目

（1）设置指定科目，指定"现金总账科目"和"银行总账科目"。

（2）删除无用科目。

（3）根据具体业务增设有关科目。

（4）个人往来，部门核算和客户往来、供应商往来等辅助核算的设置。

3. 实验内容——录入科目的期初余额

（1）根据手工账簿录入科目的期初余额。

（2）根据"辅助科目明细余额"录入辅助账的期初余额，并试算平衡。

科目编码	科目名称	辅助	方向	期初余额	科目编码	科目名称	辅助	方向	期初余额

辅助科目明细余额如下：

（1）应收账款——A 公司 ＿＿＿＿＿元

         ——B 公司 ＿＿＿＿＿元

         ——C 公司 ＿＿＿＿＿元

         ——D 公司 ＿＿＿＿＿元

（2）其他应收款 / 备用金——某处 ＿＿＿＿＿元

              ——某车间 ＿＿＿＿＿元

（3）其他应收款 / 个人其他应收款——张某（某部）＿＿＿＿＿元

（4）固定资产 / 生产设备——某车间＿＿＿＿＿元

            ——某车间＿＿＿＿＿元

（5）应付账款——H 公司＿＿＿＿＿元

4. 应收系统的初始设置

（1）设置基本科目。应收账款的入账科目为＿＿＿＿＿，预收账款的入账科目为＿＿＿＿＿。

（2）设置结算方式科目。

现金结算的入账科目为 "1001"。

支票结算的入账科目为 "100201"。

贷记凭证的入账科目为 "100201"。

（3）录入期初余额。以应收单的形式录入各单位的余额。

应收账款——A 公司＿＿＿＿＿元

         ——B 公司＿＿＿＿＿元

         ——C 公司＿＿＿＿＿元

         ——D 公司＿＿＿＿＿元

（4）期初对账。与总账系统进行对账。

5. 应付系统的初始设置

（1）设置基本科目。应付账款的入账科目为 "2121"，预收账款的入账科目为 "1151"。

（2）设置结算方式科目。

现金结算的入账科目为 "1001"。

支票结算的入账科目为 "100201"。

贷记凭证的入账科目为 "100201"。

（3）录入期初余额。以应付单的形式录入各单位的余额。

应付账款——某公司 _____ 元

（4）期初对账。与总账系统进行对账。

三、日常业务处理

1. 目的与要求

（1）掌握填制凭证的方法。

（2）掌握修改凭证的操作方法。

2. 实验内容——凭证处理

以"A"操作员身份填制下列凭证。

_____年_____月发生如下业务（根据手工材料自行整理）：

序号	业务描述	借方	贷方	采用模块
1				
2				
3				
4				
5				
6				
7				
8				
9				
10				
11				
12				
13				
14				
15				
16				
17				
…				

［特别举例 1］接到银行通知，收到某商行汇来的货款 3 510 元。某公司汇来的货款 1 170 元及某供应站汇来的货款 23 400 元（结算方式均为"电汇"）。

操作流程:（1）录入三张收款单并审核。

（2）核销处理。

（3）根据收款单生成凭证，传至总账系统。

说明: 凭证内容应   借: 银行存款——工行   28 080.00

         贷: 应收账款——某商行   3 510.00

            应收账款——某公司   1 170.00

            应收账款——某供应站   23 400.00

［特别举例 2］分别向某商行及某公司销售商品，款均未收（以应收单的形式确认这两笔应收款）。

操作流程:

（1）录入涉及某商行的应收单并审核，金额为 11 7000 元（对应的对方科目为主营业务收入——销售部，金额为 100 000 元；销项税额 17 000 元）。

（2）录入涉及某公司的应收单并审核，金额为 175 500 元（对应的对方科目为主营业务收入——销售部，金额为 150 000 元；销项税额 25 500 元）。

（3）根据应收单生成凭证，传至总账系统。

说明: 凭证内容应为   借: 应收账款——某商行   117 000.00

            应收账款——某公司   175 500.00

         贷: 主营业务收入——销售部   250 000.00

            应交税金 / 应交增值税 / 销项税额   42 500.00

［特别举例 3］向某公司购进材料，款未付（以应付单的形式确认该笔应付款）。

操作流程:

（1）录入涉及某公司的应付单并审核，金额为 88 452 元（对应的对方科目为原材料 /101 材料，金额为 75 600 元；进项税额 12 852 元）。

（2）根据应付单生成凭证，传至总账系统。

说明: 凭证内容应为   借: 原材料 / 101 材料   75 600.00

            应交税金 / 应交增值税 / 进项税额   12 852.00

         贷: 应付账款——某公司   88 452.00

［特别举例4］

（1）收到某公司预付的货款 100 000 元，结算方式为"支票"。

操作流程：

步骤 A：录入收款单并审核（注意款项来源为"预收款"）。

步骤 B：根据收款单生成凭证，传至总账系统

说明：凭证内容应为　　　　　借：银行存款　　　　　　　　　100 000.00

　　　　　　　　　　　　　　　贷：预收账款——某公司　　　　　　　100 000.00

（2）将某公司的预收款冲抵其应收账款。

操作流程：

步骤 A：执行"预收冲应收"功能。

步骤 B：生成凭证，传至总账系统。

说明：凭证内容应为　　　　　借：预收账款——某公司　　　　100 000.00

　　　　　　　　　　　　　　　贷：应收账款——精益公司　　　　　　100 000.00

四、凭证审核、记账及账簿查询

1. 目的与要求

（1）掌握凭证复核和记账的操作方法。

（2）掌握已记账凭证的修改的操作方法。

（3）查询各种账簿的数据。

2. 实验内容——凭证审核

（1）以操作员"B"的身份对实验三的所有凭证进行审核签字、记账。

（2）将已记账凭证恢复至记账前状态，取消下列凭证的审核签字，然后根据情况对所填凭证进行修改（根据实际自行确定），最后再将所有凭证重新审核和记账。

序号	业务描述	借方	贷方	修改记录
1				
2				
3				
...				

3. 实验内容——账簿查询

（1）查询现金日记账，　日期：＿＿＿＿年＿＿＿＿月（只需前三条分录），将结果填入下表。

年　　月	日	凭证号数	借方	贷方	余额
	本月合计				
	当前累计				

（2）查询下列科目的明细账，并且联查凭证，将结果填入下表。

科目名称	＿月共有几笔分录	第一笔分录的凭证借方科目名称
1111 应收账款		
5101 主营业务收入		
550203 管理费用/电话费		

（3）查询部门总账：指定部门查科目总账，"＿＿＿＿部"，将结果填入下表（只要前二条）。

科目名称	期初余额	借方合计	贷方合计	期末余额

（4）查询＿＿＿＿个人明细账，将结果填入下表（只要第一条记录）。

日期	凭证号数	科目	余额
	科目小计		
	个人小计		

（5）查询发生额及余额表。

查询所有余额范围在 1 000~5 000 元所有资产类科目的余额表，查看资产小计。

（6）查询应交增值税多栏账（用户自定义应交增值税多栏账）。

（7）查询客户往来余额表：指定单位查余额表"某企业"，将结果填入下表。

科目名称	借方	贷方	方向	期末余额
合　计				

（8）客户往来账龄分析。

查询"应收账款"账龄分析（自定义账龄分析区间）。

分别为 1~30 天、31~60 天、61~120 天、121~180 天、181~365 天、366 天以上。

五、月末处理

1. 目的与要求

掌握月末转账凭证的编制。

2. 实验内容——转账凭证定义

（1）定义汇兑损益结转凭证。汇兑损益的入账科目为"财务费用——汇兑损益"。
（2）定义期间损益结转利润的凭证。

3. 实验内容——转账凭证生成

（1）生成汇兑损益结转凭证（美元的月末调整汇率为8.2），并进行审核、记账。
（2）生成当月各项收入结转至本年利润，并进行审核、记账。

  借：主营业务收入

    其他业务收入

    投资收益

    营业外收入

    贷：本年利润

（3）生成当月各项成本、费用、支出结转至本年利润，并进行审核、记账。

借：本年利润

　　贷：主营业务成本

　　　　产品销售税金及附加

　　　　营业费用

　　　　其他业务支出

　　　　管理费用

　　　　财务费用

　　　　营业外支出

4. 实验内容——转账结果查询

查询"管理费用"科目的明细账，查看一下总账科目的余额是否已结转为零。

科目名称	借方	贷方	方向	期末余额
管理费用				

5. 实验内容——结账

（1）执行应收系统结账。

（2）执行应付系统结账。

（3）执行总账系统结账。

六、报表编制

1. 目的与要求

（1）掌握报表格式的设计和计算公式的编制。

（2）掌握日常财务报表的编制流程。

2. 实验内容——报表编制

　　＿＿＿月的报表信息如下：

损益分析表

单位名称：_____ _____年_____月

项目	行次	本月发生数	本年累计数
业务收入	1		
业务成本	2		
管理费用	3		
利润总额	4		

编制_____月资产负债表和利润表。

操作步骤：

（1）启动 UFO 报表系统，新建一报表文件。

（2）根据表样式设置报表格式。

（3）进入"格式"状态，编写报表的取数公式。

（4）进入"数据"状态，计算_____年_____月的资产负债表和利润表。

将报表文件保存（文件名自定）。

七、现金流量表编制

1. 目的与要求

掌握现金流量表的制作方法。

2. 实验内容——编制现金流量表

根据下表格式，通过 UFO 编制现金流量表。

现金流量表

编制单位：　　　　　　　　　　年度　　　　　　　　　　单位：元

项目	行次	金额
一、经营活动产生的现金流量		
销售商品、提供劳务收到的现金	1	
收到的税费返还	2	
收到的其他与经营活动有关的现金	3	
现金流入小计	4	
购买商品、接受劳务支付的现金	5	
支付给职工以及为职工支付的现金	6	
支付的各项税费	7	
支付的其他与经营活动有关的现金	8	
现金流出小计	9	
经营活动产生的现金流量净额	10	
二、投资活动产生的现金流量		
收回投资所收到的现金	11	
取得投资收益所收到的现金	12	
处置固定资产、无形资产和其他长期资产所收回的现金净额	13	
收到的其他与投资活动有关的现金	14	
现金流入小计	15	
购建固定资产、无形资产和其他长期资产所支付的现金	16	
投资所支付的现金	17	
支付的其他与投资活动有关的现金	18	
现金流出小计	19	
投资活动产生的现金流量净额	20	
三、筹资活动产生的现金流量		
吸收投资所收到的现金	21	
借款所收到的现金	22	
收到的其他与筹资活动有关的现金	23	
现金流入小计	24	
偿还债务所支付的现金	25	
分配股利、利润或偿付利息所支付的现金	26	
支付的其他与筹资活动有关的现金	27	
现金流出小计	28	
筹资活动产生的现金流量净额	29	
四、汇率变动对现金的影响额	30	
五、现金及现金等价物净增加额	31	

一、建账及初始化

1. 目的与要求

掌握企业在进行期初建账时，如何进行核算体系的建立及各项基础档案的设置。

2. 实验内容——核算体系的建立

（1）启动系统管理，以"Admin"的身份进行注册。

（2）增设若干位操作员：（[权限] → [操作员]）。

001_____，002_____，003_____。自行增设。

（3）建立账套信息：（[账套] → [建立]）。

账套信息：账套号自选，账套名称为_____，启用日期为____年____月。

单位信息：单位名称为_____，单位简称为_____，税号为_____。

核算类型：企业类型为"工业"，行业性质为"_____"并预置科目，账套主管选_____。

基础信息：存货、客户及供应商均分类，_____（有无）外币核算。

编码方案：

　　　A 客户分类和供应商分类的编码方案为_____。

　　　B 部门编码的方案为_____。

　　　C 存货分类的编码方案为_____。

　　　D 收发类别的编码级次为_____。

　　　E 结算方式的编码方案为_____。

　　　F 其他编码项目保持不变_____。

说明：设置编码方案主要是为以后分级核算、统计和管理打下基础。

数据精度：保持系统默认设置。

说明：设置数据精度主要是为了核算更精确。

（4）分配操作员权限：（[权限]→[权限]）。

操作员_____：拥有"共用目录设置""总账""应收""应付""采购管理""销售管理""库存管理""存货核算"中的所有权限。

操作员_____：拥有"共用目录设置""库存管理""存货核算"中的所有权限。

3. 实验内容——系统启用

（1）启动企业门户，以账套主管身份进行注册。

（2）启用"采购管理""销售管理""库存管理""存货核算""应收""应付""总账"系统。启用日期为_____（进入基础信息，双击基本信息，双击系统启用）。

4. 实验内容——基础档案定义

可通过企业门户中的基础信息，选择"基础档案"，来增设下列档案。

（1）定义部门档案：_____、_____、_____等。

（2）定义职员档案：_____（属_____部）、_____（属_____部）等。

（3）定义客户分类：_____、_____等。

（4）定义客户档案：

客户编码	客户简称	所属分类	税号	开户银行	账号	信用额度	信用期限

（5）定义供应商分类：原料供应商、成品供应商。

（6）定义供应商档案。

供应商编码	供应商简称	所属分类	税号

（7）定义存货分类。

原材料_____，_____。

产成品 _____，_____。

外购商品_____，_____。

应税劳务_____等。

（8）定义计量单位。

计量单位编号	计量单位名称	所属计量单位组	计量单位组类别
01		无换算关系	无换算
02		无换算关系	无换算
03		无换算关系	无换算
04		无换算关系	无换算

（9）定义存货档案。

存货编码	存货名称	所属类别	计量单位	税率	存货属性
001					外购、生产耗用、销售等
002					
003					
004					
005					
006					
007					
008	运输费	应税劳务	千米	7	外购、销售、劳务费用

（10）设置会计科目。增设需要的科目,删除无用科目；应收账款、预收账款设为"客户往来"；应付账款、预付账款设为"供应商往来"。

（11）选择凭证类别为"记账凭证"。

（12）定义结算方式为现金结算、支票结算、汇票结算等。

（13）定义本企业开户银行、_____行，账号为_____。

（14）定义仓库档案。

仓库编码	仓库名称	计价方式
001	____仓库	移动平均等（根据情况自行定义）
002	____仓库	移动平均等
003	____仓库	全月平均等

（15）定义收发类别。

正常入库　　——采购入库

　　　　　　——产成品入库

　　　　　　——调拨入库

非正常入库——盘盈入库

　　　　　　——其他入库

正常出库　　——销售出库

　　　　　　——生产领用

　　　　　　——调拨出库

非正常出库——盘亏出库

　　　　　　——其他出库

（16）定义采购类型。普通采购、入库类别为"采购入库"。

（17）定义销售类型。经销、代销、出库类别均为"销售出库"。

二、各模块设置及期初余额

1. 目的与要求

掌握企业为了在将来进行业务处理时，能够由系统自动生成有关的凭证。在进行期初建账时，应如何设置相关业务的入账科目，以及如何把原来手工做账时所涉及的各业务期末余额录入至系统当中。

2. 实验内容——设置基础科目

（1）根据存货大类分别设置存货科目（在存货系统中，进入科目设置，选择存货科目）：

存货分类	对应科目
原材料	原材料
产成品	库存商品
外购商品	库存商品

（2）根据收发类别确定各存货的对方科目（在存货系统中进入科目设置，选择对方科目）：

收发类别	对应科目	暂估科目
采购入库	物资采购	物资采购
产成品入库	基本生产成本	
盘盈入库	待处理流动财产损溢	
销售出库	主营业务成本	

（3）设置应收系统中的常用科目（在应收系统中，进入初始设置）：

基本科目设置：应收为_____，预收科目为_____，销售收入科目为_____，应交增值税科目为_____。

结算方式科目设置：现金结算对应_____，支票结算对应_____，汇票结算对应_____。

调整应收系统的选项：将坏账处理方式设置为"应收余额百分比法"等。

设置坏账准备期初：坏账准备科目为1141，期初余额为_____元，提取比率为0.5%

（4）设置应付系统中的常用科目（在应付系统中，进入初始设置）：

基本科目设置：应付为_____，预付科目为_____，采购科目为_____，应交增值税科目为_____。

结算方式科目设置：现金结算对应_____，支票结算对应_____，汇票结算对应_____。

3. 实验内容——期初余额录入

（1）录入总账系统各科目的期初余额。

科目编码	科目名称	方向	期初余额

说明：应收账款的单位为_____公司等，应付账款的单位为_____公司等。

（2）期初货到票未到数的录入。

🔍 **举例 1**

建账日期前收到某公司提供的某商品 100 盒，单价为 800 元，商品已验收入原料仓库，至今尚未收到发票。

操作向导

◆启动采购系统，录入采购入库单

◆进行期初记账

（3）期初发货单的录入。

🔍 **举例 2**

建账日期前业务一部向某公司出售某商品 10 台，报价为 6 500 元，由成品仓库发货。该发货单尚未开票。

操作向导

◆启动销售系统，录入并审核期初发货单。

（4）进入存货核算系统，录入各仓库期初余额。

仓库名称	存货名称	数量	结存单价

操作向导

◆启动存货系统，录入期初余额

◆进行期初记账

◆进行对账

（5）进入库存管理系统，录入各仓库期初库存。

仓库名称	存货名称	数量

操作向导

◆启动库存系统，录入并审核期初库存（可通过取数功能录入）

◆与存货系统进行对账

（6）应收账款期初余额的录入及对账。

举例 3

应收账款科目的期初余额中涉及某公司的余额为 25 000 元（以应收单形式录入）。

操作向导

◆启动应收系统，录入期初余额；与总账系统进行对账

（7）应付账款期初余额的录入及对账。

🔍 | 举例4

应付账款科目的期初余额中涉及某公司的余额为5 000元（以应付单形式录入）。

操作向导

◆启动应付系统，录入期初余额；与总账系统进行对账

4. 实验内容——业务整理

_____年_____月发生如下业务（根据手工材料自行整理）：

序号	业务描述	借方	贷方	采用模块
1				
2				
3				
4				
5				
6				
7				
8				
9				
10				
11				
12				
13				
14				
15				
16				
17				
…				

三、各模块日常业务

1. 目的与要求

掌握企业在日常业务中如何通过软件来处理各部门业务及相关账表查询。

2. 实验内容——采购业务

🔍 | 举例业务一

（1）____年____月____日业务员李平向某公司询问某商品的价格（95元／只），觉得价格合适，随后向公司上级主管提出请购要求，请购数量为300只。业务员据此填制请购单。

（2）____年____月____日上级主管同意向某公司订购某商品300只，单价为95元，要求到货日期为____年____月____日。

（3）____年____月____日收到所订购的某商品300只。填制到货单。

（4）____年____月____日将所收到的货物验收入原材料仓库。填制采购入库单。

（5）当天收到该笔货物的专用发票一张。

（6）业务部门将采购发票交给财务部门，财务部门确认此业务所涉及的应付账款及采购成本。

操作向导

◆在采购系统中，填制并审核请购单

◆在采购系统中，填制并审核采购订单

◆在采购系统中，填制到货单

◆启动库存系统，填制并审核采购入库单

◆在采购系统中，填制采购发票，并进行结算

◆在采购系统中，采购结算（自动结算）

◆在应付系统中，审核采购发票

◆在存货系统中，进行入库单记账

◆在存货系统中，生成入库凭证

◆账表查询

　　◇在采购系统中，订单执行情况统计表

　　◇在采购系统中，到货明细表

◇在采购系统中，入库统计表

◇在采购系统中，采购明细表

◇在库存系统中，库存台账

◇在存货系统中，收发存汇总表

举例业务二

____年____月____日向某公司购买某商品300只，单价为50元/只，验收入原料仓库。同时收到专用发票一张，票号为85 011，立即以支票形式支付货款。

操作向导

◆启动库存系统，填制并审核采购入库单

◆在采购系统中，填制采购专用发票，并做现结处理

◆在采购系统中，采购结算（自动结算）

举例业务三

____年____月____日向某公司购买某商品200只，单价为800元/盒，验收入原料仓库。同时收到专用发票一张，票号为85 012。另外，在采购的过程中，发生了一笔运输费200元，税率为7%，收到相应的运费发票一张，票号为5 678。

操作向导

◆启动库存系统，填制并审核采购入库单

◆在采购系统中，填制采购专用发票

◆在采购系统中，填制运费发票

◆在采购系统中，采购结算（手工结算）

举例业务四

____年____月____日业务员想购买100只某商品，提出请购要求，经同意填制并审核请购单。

根据以往的资料得知提供鼠标的供应商有两家，分别为A公司和B公司，他们的报价分别为35元/只，40元/只。通过比价，决定向A公司订购，要求到货日期为____年____月____日。

操作向导

◆在采购系统中，定义供应商存货对照表

◆在采购系统中，填制并审核请购单

◆在采购系统中，执行请购比价生成订单功能

假定，____年____月____日尚未收到该货物，向A公司发出催货函。

◆在采购系统中，查询供应商催货函

举例业务五

____年____月____日收到某公司提供的上月已验收入库的80盒某商品的专用发票一张，票号为48 210，发票单价为820元。

操作向导

◆在采购系统中，填制采购发票（可拷贝采购入库单）

◆在采购系统中，执行采购结算

◆在存货系统中，执行结算成本处理

◆在存货系统中，生成凭证（红冲单，蓝冲单）

◆在采购系统中，查询暂估入库余额表

举例业务六

____年____月____日收到某公司提供的某商品100台，入外购品仓库（发票尚未收到）。

由于到了月底发票仍未收到，故确认该批货物的暂估成本为6 500元。

操作向导

◆在库存系统中，填制并审核采购入库单

◆在存货系统中，录入暂估入库成本

◆在存货系统中，执行正常单据记账

◆在存货系统中，生成凭证（暂估记账）

举例业务七

____年____月____日收到某公司提供的某商品，数量202台，单价为1 150元。验收入原料仓库。

____年____月____日仓库反映有2台有质量问题，要求退回给供应商。

____年____月____日收到某公司开具的专用发票一张，其发票号为AS4408。

操作向导

◆收到货物时，在库存系统中填制入库单

◆退货时，在库存系统中填制红字入库单

◆收到发票时，在采购系统中填制采购发票

◆在采购系统中，执行采购结算（手工结算）

举例业务八

____年____月____日从某公司购入的某商品质量有问题，退回 2 只，单价为 95 元，同时收到票号为 665 218 的红字专用发票一张。

操作向导

◆退货时，在库存系统中填制红字入库单

◆收到退货发票时，在采购系统中填制采购发票

◆在采购系统中，执行采购结算（自动结算）

3. 实验内容——销售业务

举例业务一

____年____月____日某公司想购买 10 台某商品，向业务一部了解价格。业务一部报价为 2 300 元 / 台。填制并审核报价单。该客户了解情况后，要求订购 10 台，要求发货日期为____年____月____日。填制并审核销售订单。

____年____月____日业务一部从成品仓库向某公司发出其所订货物。并据此开具专用销售发票一张。

业务部门将销售发票交给财务部门，财务部门结转此业务的收入及成本。

操作向导

◆在销售系统中，填制并审核报价单

◆在销售系统中，填制并审核销售订单

◆在销售系统中，填制并审核销售发货单

◆在销售系统中，调整选项（将新增发票默认"参照发货单生成"）

◆在销售系统中，根据发货单填制并复核销售发票

◆在应收系统中，审核销售发票并生成销售收入凭证

◆在库存系统中，审核销售出库单

◆在存货系统中，执行出库单记账

◆在存货系统中，生成结转销售成本的凭证

◆账表查询

　　◇在销售系统中，查询销售订单执行情况统计表

◇在销售系统中，查询发货统计表

◇在销售系统中，查询销售统计表

◇在存货系统中，查询出库汇总表（存货系统）

举例业务二

____年____月____日业务部向某公司出售某商品 5 台，报价为 2 300 元 / 台，成交价为报价的 90%，货物从外购品仓库发出。

____年____月____日根据上述发货单开具专用发票一张。

操作向导

◆在销售系统中，填制并审核销售发货单

◆在销售系统中，根据发货单填制并复核销售发票

举例业务三

____年____月____日业务一部向昌新贸易公司出售某商品 10 台，报价为 6 400（元 / 台），货物从成品仓库发出。

____年____月____日根据上述发货单开具专用发票一张。同时收到客户以支票所支付的全部货款。

操作向导

◆在销售系统中，填制并审核销售发货单

◆在销售系统中，根据发货单填制销售发票，执行现结功能，复核销售发票

举例业务四

____年____月____日业务一部向某公司出售 A 商品 10 台，报价为 6 400 元 / 台，货物从成品仓库发出。

____年____月____日业务二部向某公司出售 B 产品 5 台，报价为 2 300 元 / 台，货物从外购品仓库发出。

____年____月____日根据上述两张发货单开具专用发票一张。

操作向导

◆在销售系统中，填制并审核两张销售发货单

◆在销售系统中，根据上述两张发货单填制并复核销售发票

举例业务五

____年____月____日业务部向华宏公司出售某商品20台，报价为2 300元/台，货物从外购品仓库发出。

____年____月____日应客户要求，对上述所发出的商品开具两张专用销售发票，第一张发票中所列示的数量为15台，第二张发票上所列示的数量为5台。

操作向导

◆在销售系统中，填制并审核销售发货单

◆在销售系统中，分别根据发货单填制并复核两张销售发票（考虑一下，在填制第二张发票时，系统自动显示的开票数量是否为5台）

举例业务六

____年____月____日业务部向某公司出售10台某商品，报价为2 300元/台，物品从外购品仓库发出。并据此开具专用销售发票一张。

操作向导

◆在销售系统中，填制并审核销售发票

◆在销售系统中，查询销售发货单

◆在库存系统中，查询销售出库单

举例业务七

____年____月____日业务部在向某公司销售商品过程中发生了一笔代垫的安装费500元。

操作向导

◆在销售系统中，增设费用项目为"安装费"

◆在销售系统中，填制并审核代垫费用单

举例业务八

____年____月____日业务二部向某公司公司出售某商品20台，由原料仓库发货，报价为1 500元/台，同时开具专用发票一张。

____年____月____日客户根据发货单从原料仓库领出15台某商品。

____年____月____日客户根据发货单再从原料仓库领出5台某商品。

操作向导

◆在销售系统中，调整有关选项（将"是否销售生单"选项勾去掉）

◆在销售系统中，填制并审核发货单

◆在销售系统中，根据发货单填制并复核销售发票

◆在库存系统中，填制销售出库单（根据发货单生成销售出库单）

🔍 **| 举例业务九**

____年____月____日业务部向某公司出售某商品20台，由原料仓库发货，报价为1 500元/台。开具发票时，客户要求再多买两台，根据客户要求开具了22台某商品的专用发票一张。

2003/06/20 客户先从原料仓库领出18台某商品。

2003/06/20 客户再从原料仓库领出4台某商品。

操作向导

◆在库存系统中，调整选项（将"是否超发货单出库"选项置上对勾标记）

◆在库存系统或销售系统中，定义存货档案（定义超额出库上限为0.2）

◆在销售系统中，填制并审核发货单

◆在销售系统中，填制并复核销售发票（注意开票数量应为"22"）

◆在库存系统中，填制销售出库单，根据发货单生成销售出库单（选择"按累计出库数调整发货数"）

🔍 **| 举例业务十**

____年____月____日业务部向某公司出售某商品200台，由成品仓库发货，报价为6 500元/台。由于金额较大，客户要求以分期付款形式购买该商品。经协商，客户分四次付款，并据此开具相应销售发票。第一次开具的专用发票为数量50台，单价为6 500元。

业务部门将该业务所涉及的出库单及销售发票交给财务部门，财务部门据此结转收入及成本。

操作向导

◆在销售系统中，调整有关选项：将"是否销售生单"选项置上对勾标记；将"是否销售生单"选项置上对勾标记

◆在销售系统中，填制并审核发货单（注意选择业务类型）

◆在存货系统中，执行发出商品记账功能，对发货单进行记账

◆开具发票时，在销售系统中根据发货单填制并复核销售发票

◆在应收系统中，审核销售发票及生成收入凭证

◆在存货系统中，执行发出商品记账功能，对销售发票进行记账

◆在存货系统中，生成结转销售成本凭证

◆账表查询

◇在存货系统中，查询发出商品明细账

◇在销售系统中，查询销售统计表

举例业务十一

____年____月____日业务部委托某公司代为销售某商品 50 台，售价为 2 200 元/台，货物从成品仓库发出。

____年____月____日收到某公司的委托代销清单一张，结算某商品 30 台，售价为 2 200 元/台。立即开具销售专用发票给利氏公司。

业务部门将该业务所涉及的出库单及销售发票交给财务部门，财务部门据此结转收入及成本。

操作向导

◆在存货系统中，调整委托代销业务的销售成本结转方法为"发出商品"确定

◆发货时

◇在销售系统中，填制并审核委托代销发货单

◇在库存系统中，审核销售出库单

◇在存货系统中，对发货单进行记账

◇在存货系统中，生成出库凭证

◆结算开票时

◇在销售系统中，填制并审核委托代销结算单

◇在销售系统中，复核销售发票

◇在应收系统中，审核销售发票及生成销售凭证

◆结转销售成本时

◇在存货系统中，对发票进行记账

◇在存货系统中，生成结转成本的凭证

◆账表查询

◇在销售系统中，查询委托代销统计表

◇在库存系统中，查询委托代销备查簿

举例业务十二

____年____月____日业务部售给某公司的某商品 10 台，单价为 6 500 元，从成品仓库发出。

2003/06/26 业务部售给某公司的某商品因质量问题，退回 1 台，单价为 6 500 元，收回成品仓库。

2003/06/26 开具相应的专用发票一张，数量为 9 台。

操作向导

◆发货时，在销售系统中填制并审核发货单

◆退货时，在销售系统中填制并审核退货单

◆在销售系统中，填制并复核销售发票（选择发货单时应包含红字）

举例业务十三

____年____月____日委托某公司销售的某商品退回 2 台，入成品仓库。由于该货物已经结算，故开具红字专用发票一张。

操作向导

◆发生退货时，在销售系统中填制并审核委托代销结算退回单

◆在销售系统中，复核红字专用销售发票

◆在销售系统中，填制并复核委托代销退货单

◆账表查询，在库存系统中，查询委托代销备查簿

4. 实验内容——其他业务

举例业务一（直运业务）

（1）____年____月____日业务部接到业务信息，A 公司想购买某产品一台。经协商以单价为 100 000 元成交，增值税率为 17%。随后，业务一部填制相应销售订单。

（2）____年____月____日业务部经联系以 90 000 元的价格向 B 公司发出采购订单。并要求对方直接将货物送到 A 公司。

（3）____年____月____日货物送至 A 公司，6/27 B 公司凭送货签收单根据订单开具了一张专用发票给业务部。

（4）____年____月____日业务部根据销售订单开具专用发票一张。

（5）业务部将此业务的采购、销售发票交给财务部；财务部结转此业务的收入及成本。

操作向导

◆在销售系统中，调整有关选项：将"是否有直运业务"选项置上对勾标记

◆在销售系统中，定义存货档案（该存货应有销售、外购属性）

◆在销售系统中，填制并审核销售订单

◆在采购系统中，填制并审核采购订单

◆在采购系统中，填制采购发票

◆在应付系统中，审核采购发票（在确定筛选条件时，应包含"未完全报销发票"）

◆在销售系统中，填制并复核销售发票

◆在存货系统中，执行直运商品记账

◆在存货系统中，查询存货明细账

举例业务二（产成品入库）

____年____月____日成品仓库收到当月加工的 10 台某产品，做产成品入库。

____年____月____日成品仓库收到当月加工的 20 台某产品，做产成品入库。

随后收到财务部门提供的完工产品成本，其中某产品的总成本 144 000 元，立即做成本分配。

操作向导

◆在库存系统中，填制并审核产成品入库单

◆在库存系统中，查询收发存汇总表

◆在存货系统中，进行产成品成本分配

◆在存货系统中，执行单据记账

举例业务三（材料领用）

____年____月____日一车间向原料仓库领用 A 材料 100 盒、B 材料 100 只，用于生产。

操作向导

◆在库存系统中，填制并审核材料出库单（建议单据中的单价为空）

举例业务四（出入库跟踪）

有一存货"A 材料"，在库存管理时，需要对每一笔入库的出库情况做详细的统计。

____年____月____日业务一部向某公司购进 80 根 A 材料，单价为 300 元。物品入原料仓库。

____年____月____日业务二部向某公司购进 100 根 A 材料，单价为 295 元。物品

入原料仓库。

　　____年____月____日收到上述两笔入库的专用发票一张，票号为 45601。

　　____年____月____日二车间向原料仓库领用 50 根 A 材料，用于生产。

操作向导

◆在库存系统中，定义该存货的档案（应选择"出库跟踪入库"选项）

◆在库存系统中，对材料出库单进行单据设计（增设"入库单号"栏）

◆在库存系统中，填制两张采购入库单

◆在采购系统中，填制采购发票

◆在库存系统中，进行采购结算

◆在库存系统中，填制出库单

◆在库存系统中，查询入库跟踪表

举例业务五（调拨业务）

　　____年____月____日将原料仓库中的 50 只某商品调拨到外购品仓库。

操作向导

◆在库存系统中，填制并审核调拨单

◆在库存系统中，审核其他入库单

◆在库存系统中，审核其他出库单

◆在存货系统中，执行特殊单据记账

举例业务六（盘点预警）

　　根据上级主管要求，键盘应在每周二进行盘点一次。如果周二未进行盘点，需进行提示。

操作向导

◆在库存系统中，进行选项设置

◆在库存系统中，修改存货档案，设定上次盘点时间，盘点周期

◆假定周二未对该存货进行盘点，将业务日期调整为周三，进入库存系统时，系统会进行相应提示

举例业务七（盘点业务）

　　____年____月____日对原料仓库的所有存货进行盘点。盘点后，发现某产品多出一个。经确认，该产品的成本为 80 元 / 只。

操作向导

◆盘点前：在库存系统中，填制盘点单

◆盘点后

　　◇在库存系统中修改盘点单，录入盘点数量，确定盘点金额

　　◇在库存系统中，审核盘点单

　　◇在存货系统中，对出入库单进行记账

举例业务八（假退料）

____年____月____日根据生产部门的统计，有20只某材料当月尚未耗用完。先做假退料处理，下个月再继续使用。

操作向导

◆在存货系统中，填制假退料单

◆在存货系统中，进行单据记账

◆在存货系统中，查询明细账

说明：当月末结账后，可再重新查询明细账。

5.实验内容——往来业务

首先，客户往来款的处理。

（1）应收款的确认。将上述销售业务中所涉及的销售发票进行审核。财务部门据此结转各项收入。

操作向导

◆在应收系统中，进入［日常处理］—［应收单据处理］—［应收单据审核］

◆根据发票生成凭证，在应收系统中，进入［日常处理］—［制单处理］，选择发票制单（生成凭证时可做合并制单）

　◆账表查询

　　◇根据信用期限进行单据报警查询

　　◇根据信用额度进行信用报警查询

（2）收款结算。

1）收到预收款。

____年____月____日收到某公司以汇票方式支付的预付货款30 000元。财务部门据此生成相应凭证。

操作向导

◆录入收款单，在应收系统中，进入［日常处理］—［收款单据处理］—［收款单据录入］（注意：款项类型为"预收款"）

◆审核收款单，在应收系统中，进入［日常处理］—［收款单据处理］—［收款单据审核］

◆根据收款单生成凭证，在应收系统中，进入［日常处理］—［制单处理］，选择结算单制单

2）收到应收款。

____年____月____日收到某公司以支票方式支付的货款 50 000 元，用于冲减其所欠的第一笔货款。

操作向导

◆录入收款单，在应收系统中，进入［日常处理］—［收款单据处理］—［收款单据录入］（注意：款项类型为"应收款"）

◆审核收款单，在应收系统中，进入［日常处理］—［收款单据处理］—［收款单据审核］

◆核销应收款，在应收系统中，进入［日常处理］—［核销］—［手工核销］

____年____月____日收到某公司的 500 元现金，用于归还其所欠的代垫安装费。

操作向导

◆录入收款单，在应收系统中，进入［日常处理］—［收款单据处理］—［收款单据录入］（注意：款项类型为"应收款"）

◆审核收款单，在应收系统中，进入［日常处理］—［收款单据处理］—［收款单据审核］

◆核销应收款，在应收系统中，进入［日常处理］—［核销］—［自动核销］

3）查询业务明细账。

4）查询收款预。

（3）转账处理。

1）预收冲应收。

____年____月____日将收到的某公司 30 000 元的预收款冲减其应收账款。

操作向导

◆在应收系统中，进入［日常处理］—［转账］—［预收冲应收］

2）红票对冲。

将某公司的一张红字发票与其一张蓝字销售发票进行对冲。

操作向导

◆在应收系统中，进入［日常处理］—［转账］—［红票对冲］—［手工对冲］

（4）坏账处理。

1）发生坏账时。

____年____月____日收到通知某公司破产，其所欠款项将无法收回，做坏账处理。

操作向导

◆在应收系统中，进入［日常处理］—［转账］—［坏账处理］—［坏账发生］

2）坏账收回。

____年____月____日收回某公司已做坏账的货款 50 000 元现金，做坏账收回处理

操作向导

◆录入并审核收款单，在应收系统中，进入［日常处理］—［收款单据处理］—［收款单据录入］（注意：款项类型为"应收款"）

◆坏账收回处理，在应收系统中，进入［日常处理］—［转账］—［坏账处理］—［坏账收回］

3）计提本年度的坏账准备。

操作向导

◆在应收系统中，进入［日常处理］—［转账］—［坏账处理］—［计提坏账准备］

（5）财务核算。

1）将上述业务中未生成凭证的单据生成相应的凭证。

操作向导

◆在应收系统中，进入［日常处理］—［制单处理］

◇发票制单

◇结算单制单

◇转账制单

◇现结制单

◇坏账处理制单

2）查询凭证。

其次，供应商往来款的处理。

（1）应付款的确认。

将上述采购业务中所涉及的采购发票进行审核。财务部门据此结转各项成本

操作向导

◆在应付系统中，进入［日常处理］—［应付单据处理］—［应付单据审核］

◆根据发票生成凭证：在应付系统中，进入［日常处理］—［制单处理］，选择发票制单（生成凭证时可做合并制单）

（2）付款结算。

1）＿＿年＿＿月＿＿日以支票方式支付给某公司货款76 752元。

操作向导

◆录入付款单：在应付系统中，进入［日常处理］—［付款单据处理］—［付款单据录入］（注意：款项类型为"应付款"）

◆审核付款单：在应付系统中，进入［日常处理］—［付款单据处理］—［付款单据审核］

◆核销应付款：在应付系统中，进入［日常处理］—［核销］—［手工核销］

2）查询业务明细账。

3）查询付款预测。

（3）转账处理。

红票对冲：将某公司的一张红字发票与其一张蓝字销售发票进行对冲。

操作向导

◆在应付系统中，进入［日常处理］—［转账］—［红票对冲］—［手工对冲］

（4）财务核算。

将上述业务中未生成凭证的单据生成相应的凭证。

操作向导

◆在应付系统中，进入［日常处理］—［制单处理］

◇发票制单

◇结算单制单

◇现结制单

四、成本结算及各模块月末业务

1. 目的与要求

掌握企业在日常业务中如何通过软件进行各出入库成本的计算及月底如何做好月末结账工作。

2. 实验内容——单据记账

将上述各出入库业务中所涉及的入库单、出库单进行记账。

（1）调拨单进行记账（如果实验五中的调拨单未记账，则需要进行此项操作）。

操作向导

◆在存货系统中，进入［业务核算］—［特殊单据记账］

（2）正常单据记账：将采购、销售业务所涉及的入库单、出库单进行记账。

操作向导

◆在存货系统中，进入［业务核算］—［正常单据记账］

3. 实验内容——财务核算

（1）根据上述业务中所涉及的采购入库单编制相应凭证。

操作向导

◆在存货系统中，进入［财务核算］—［生成凭证］，选择"采购入库单（报销）"生成相应凭证

（2）查询凭证。

操作向导

◆在存货系统中，进入［财务核算］—［凭证列表］

4. 实验内容——月末结账

（1）采购系统的月末结账。

操作向导

◆在采购系统中，进入［业务］—［月末结账］

（2）销售系统的月末结账。

操作向导

◆在销售系统中，进入［业务］—［销售月末结账］

（3）库存系统的月末结账。

操作向导

◆在库存系统中，进入［业务处理］—［月末结账］

（4）存货系统的月末处理。

1）各仓库的期末处理。

操作向导

◆在存货系统中，进入［业务核算］—［期末处理］

2）生成结转销售成本的凭证（如果计价方式为"全月平均"）。

操作向导

◆在存货系统中，进入［财务核算］—［生成凭证］，选择［销售出库单］

3）存货系统的月末结账。

操作向导

◆在存货系统中，进入［业务核算］—［月末结账］

参考文献

［1］陈国平. 会计综合模拟实验（手工账务处理）（第三版）［M］. 上海：立信会计出版社 ，2017.

［2］刘敏坤，郑怀颖. 企业会计综合实验教程（第三版）［M］. 大连：东北财经大学出版社，2017.

［3］汤健. 会计综合实验教程（第三版）——会计核算、财务分析与审计［M］. 北京：中国人民大学出版社，2015.

［4］曾延敏，林祥友. 现代会计综合实验教程［M］. 北京：经济管理出版社，2015.

［5］中华人民共和国财政部会计司网站（http://kjs.mof.gov.cn/）.

［6］国家税务总局网站（http://www.chinatax.gov.cn/）.

［7］中国会计网（http://www.canet.com.cn/）.